重庆市高水平中职学校建设教改创新示范教材

中华传统文化读本

主编 孙敬华 胡小伟

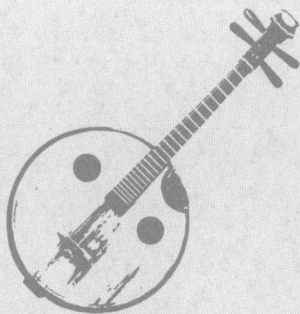

重庆大学出版社

内容提要

本书是我校重庆市高水平中职学校建设总项目高水平技术技能人才子项目中"构建'仁道'特色德育课程体系"的成果之一。全书以弘扬中华优秀传统文化为宗旨,通过对中华传统文化进行提纲挈领的通俗介绍,让学生在阅读过程中感知中华传统文化的博大精深,增强其民族文化认同感和民族自豪感,帮助他们树立正确的传统文化观念,对他们形成正确的世界观、人生观和价值观起到积极作用。

本书既可作为各类中职学校通识教育教材,也可作为中华传统文化爱好者的学习参考书。

图书在版编目(CIP)数据

中华传统文化读本 / 孙敬华,胡小伟主编. -- 重庆:
重庆大学出版社,2020.6
ISBN 978-7-5689-2108-4

Ⅰ. ①中… Ⅱ. ①孙… ②胡… Ⅲ. ①中华文化—中
等专业学校—教材 Ⅳ. ①K203

中国版本图书馆CIP数据核字(2020)第066286号

中华传统文化读本

ZHONGHUA CHUANTONG WENHUA DUBEN

主 编 孙敬华 胡小伟
策划编辑:王晓蓉
责任编辑:姜 凤 装帧设计:王晓蓉
责任校对:邹 忌 责任印制:赵 晟
*
重庆大学出版社出版发行
出版人:饶帮华
社址:重庆市沙坪坝区大学城西路21号
邮编:401331
电话:(023)88617190 88617185(中小学)
传真:(023)88617186 88617166
网址:http://www.cqup.com.cn
邮箱:fxk@cqup.com.cn(营销中心)
全国新华书店经销
中雅(重庆)彩色印刷有限公司印刷
*
开本:787mm×1092mm 1/16 印张:12 字数:201千
2020年6月第1版 2020年6月第1次印刷
ISBN 978-7-5689-2108-4 定价:29.00元

前　言

中华文化积淀着中华民族最深沉的精神追求，是中华民族生生不息、发展壮大的丰厚滋养。中华传统文化流传年代久远、内涵丰富，既有对宇宙自然规律的描述，又是道德的外延；既是软实力，又是决定一切的内在驱动力；既是社会意识形态，又是中华民族思想精神、社会政治和经济的根本。

习近平总书记说："中华传统文化是我们最深厚的软实力。"发扬中华传统文化是我们所有人的职责，青年学生作为国家未来的栋梁，更是如此。"学史可以看成败、鉴得失、知兴替；学诗可以情飞扬、志高昂、人灵秀；学伦理可以知廉耻、懂荣辱、辨是非。"学习和感悟中华传统文化中的各种思想精华，有助于青年学生树立正确的传统文化观念，对他们形成正确的世界观、人生观、价值观大有裨益。

博大精深的中华传统文化是我们的骄傲，可是随着社会的发展，有许多优秀的传统文化因为现代科技备受冲击，浅文化、俗文化、网络文化充斥着人们的生活，传统文化在学生中的地位越来越低，他们对传统文化知之甚少。弘扬中华优秀传统文化已迫在眉睫。

据此，我们组织本校优秀的一线教师编写本书，试图将青年学生必备的中华优秀传统文化知识以通俗、简洁的形式呈现在他们面前，为他们了解博大精深的中华传统文化起到积极的作用。

本书由重庆市医药卫生学校孙敬华、胡小伟担任主编，重庆市医药卫生学校胡利、张馨、窦鸿梅、胡开欣、陈旭、吴旭文、傅琳堰、向杨、赵雪梅参与本书的编写工作。在此，特对在本书编写过程中给予支持和帮助的学校领导及教职工表示感谢。

本书全体编者均以科学严谨、认真负责的态度参与策划和编写工作。尽管我们努力做到最好，但由于编者水平有限，书中不足之处在所难免，恳请使用本书的师生提出宝贵意见和建议，以便我们及时改进和完善。

编　者

2019 年 7 月

目　录

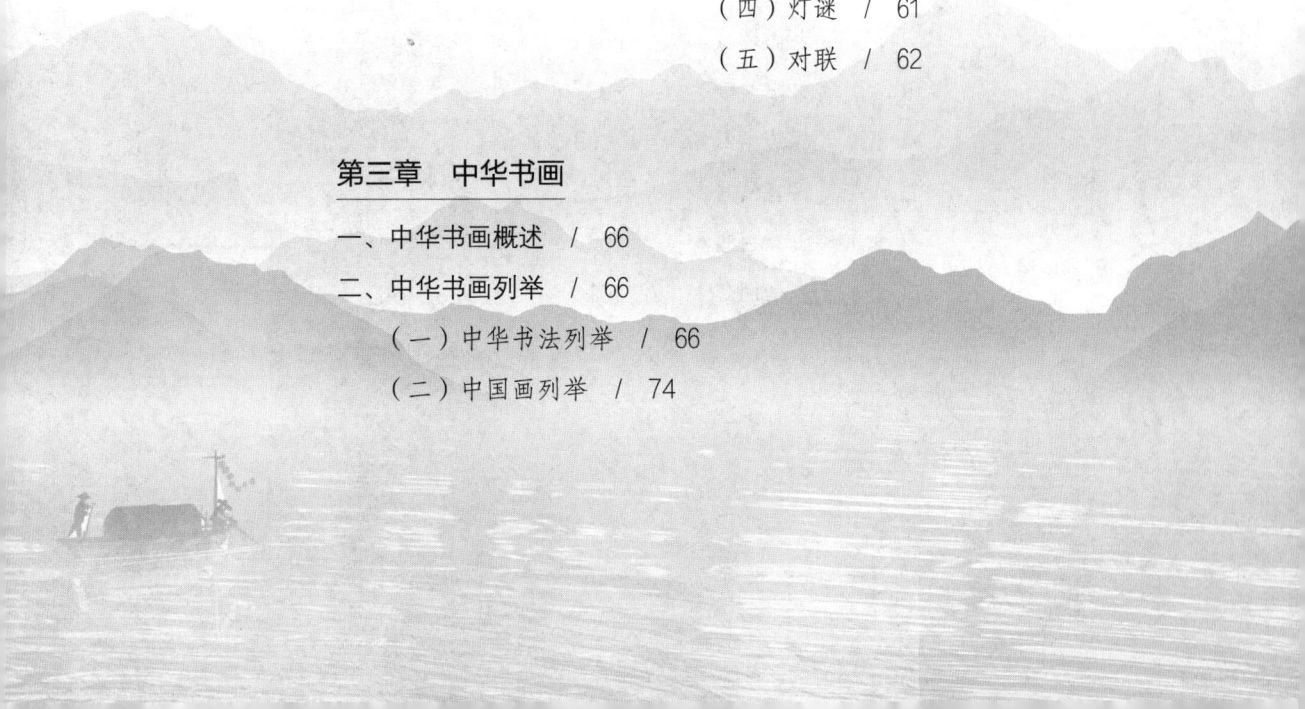

闲看木中门

思间心上田

第四章 中国民族乐器及名曲

第一章 中华诗词

春江潮水连海平，
海上明月共潮生。
滟滟随波千万里，
何处春江无月明！

一、中华诗词概述

中华诗词是中华民族的文化瑰宝，是人民在劳作中创作出来的、极具民族特色的文学艺术形式。经历了从上古歌谣到先秦诗经、楚辞、汉乐府、魏晋南北朝民歌、唐诗、宋词、元曲漫长的发展历程，至今仍在传承和发展，这充分显示出中华诗词所具有的无穷生命力和文学魅力。其价值不仅在于给人以艺术的熏陶，更能启迪人的思想，陶冶人的情操。

诗词是阐述心灵的文学艺术，并按照严格的韵律要求，用凝练的语言、绵密的章法、充沛的情感以及丰富的意象来高度集中地表现社会生活和人类精神世界。中国诗起源于先秦，鼎盛于唐代。中国词起源于隋唐，流行于宋代。中华诗词源自民间，其实是一种草根文学。在 21 世纪的中国，诗词仍然深受普通大众青睐。

本章重点介绍古体诗、近体诗、无题诗及词。

二、中华诗词列举

（一）古体诗

古体诗是我们古代诗歌的一个种类，是与近体诗相对而言的诗体，是诗歌体裁的一种。古体诗也称古诗、古风，一共有"歌""行""吟"三种载体。

古体诗最鲜明的特点就是它的创作格律是相对自由的，没有近体诗那些繁杂的规则，不需要注意平仄、对仗，押韵的规矩也会放得特别宽，甚至连篇幅长短也不受限。因此，凡是不受近体诗格律束缚的都是古体诗。

古体诗按照诗句的字数通常可分为四言诗、五言诗、七言诗和杂言诗。四言诗如《诗经》，五言诗如陶渊明的《归园田居》，七言诗如白居易的《琵琶行》、李贺的《李凭箜篌引》，杂言诗如李白的《梦游天姥吟留别》、杜甫的《茅屋为秋风所破歌》都是经典之作。

1. 四言诗

四言诗是古代产生最早的一种中国诗歌体裁，它盛行于西周、春秋和战国时期。"四言"指四字组成的诗句，四言诗指整首诗都是或基本都是四字句写成的诗歌。上古歌谣及《周易》韵语中已有所见，中国第一部诗歌总集《诗经》基本上都是四言体。

《诗经》中的《国风》《小雅》《大雅》等都是以四言诗为基本体裁。在西周到春秋时期，无论是社会上层还是下层，娱乐场合还是祭祀场合，最流行的诗体是四言诗。春秋时期以后，四言诗逐渐衰落，但仍有不少诗人写作四言诗，如东汉末的曹操父子、魏末的嵇康、东晋的陶渊明等。在先秦两汉的其他典籍里，如《史记》所载《麦秀歌》，《左传》所载《宋城者讴》《子产诵》等，也都是以四言体为主。

【四言诗列举】

（1）

关雎

关关雎鸠，在河之洲。窈窕淑女，君子好逑。

参差荇菜，左右流之。窈窕淑女，寤寐求之。

求之不得，寤寐思服。悠哉悠哉，辗转反侧。

参差荇菜，左右采之。窈窕淑女，琴瑟友之。

参差荇菜，左右芼之。窈窕淑女，钟鼓乐之。

译文：

关关和鸣的雎鸠，相伴在河中小洲。美丽贤淑的女子，真是君子好配偶。

参差不齐的荇菜，左边右边不停采。美丽贤淑的女子，梦中醒来难忘怀。

美好愿望难实现，醒来梦中都思念。想来想去思不断，翻来覆去难入眠。

参差不齐的荇菜，左边右边不停摘。美丽贤淑的女子，奏起琴瑟表亲爱。

参差不齐的荇菜，左边右边去拔它。美丽贤淑的女子，鸣钟击鼓取悦她。

赏析：

《关雎》是《诗经》的第一篇，它的内容很单纯，是写一个"君子"对"淑女"的追求，写他得不到"淑女"时心里苦恼，翻来覆去睡不着觉；得到了"淑女"就很开心，叫人奏起音乐来庆贺，并以此让"淑女"快乐。这首诗被当作夫妇之德的典范。其特点是：首先，它所写的爱情，一开始就有明确的婚姻目的，最终又归结于婚姻的美满，不是青年男女之间短暂的邂逅、一时的激情。这种明确指向婚姻、表示负责任的爱情，更为社会所赞同。其次，它所写的男女双方，乃是"君子"和"淑女"，表明这是一种与美德相联系的结合。

（2）

龟虽寿

曹操（东汉）

神龟虽寿，犹有竟时。

腾蛇乘雾，终为土灰。

老骥伏枥，志在千里。

烈士暮年，壮心不已。

盈缩之期，不但在天；

养怡之福，可得永年。

幸甚至哉，歌以咏志。

译文：神龟虽然十分长寿，但生命终究会有结束的一天；腾蛇尽管能腾云乘雾飞行，但终究也会死亡化为土灰。年老的千里马虽然伏在马槽旁，雄心壮志仍是驰骋千里；壮志凌云的人士即便到了晚年，奋发思进的心也永不止息。人寿命长短，不只是由上天决定；调养好身心，就定可以益寿延年。真是幸运极了，用歌唱来表达自己的思想感情吧。

赏析：《龟虽寿》又称《神龟虽寿》，是东汉末曹操的《步出夏门行》的最后一章。写于建安十三年一月，当时他已五十四岁了，适逢北征乌桓凯旋。《龟虽寿》是一首极富哲理意味的咏怀诗，诗中表现了曹操乐观自信、顽强进取的精神，对后人有很大的激励作用。

2.五言诗

五言诗是古代诗歌体裁，指全篇由五字句构成的诗。五言诗可以容纳更多的词汇，从而扩展了诗歌的容量，能够更灵活细致地抒情和叙事。在音节上，奇偶相配，也更富于音乐美。因此，它更适应汉以后发展的社会生活，从而逐步取代了四言诗的正统地位，成为古典诗歌的主要形式之一。

初唐以后，产生了近体诗，其中即有五言律诗、五言绝句。唐代以前的五言诗便通称为"五言古诗"或"五古"。

【五言诗列举】

（1）

月下独酌·其一

李白（唐）

花间一壶酒，独酌无相亲。

举杯邀明月，对影成三人。

月既不解饮，影徒随我身。

暂伴月将影，行乐须及春。

我歌月徘徊，我舞影零乱。

醒时同交欢，醉后各分散。

永结无情游，相期邈云汉。

译文：

花丛中摆下一壶好酒，无相知作陪独自酌饮。

举杯邀请明月来共饮，加自己身影正好三人。

月亮本来就不懂饮酒，影子徒然在身前身后。

暂且以明月影子相伴，趁此春宵要及时行乐。

我唱歌月亮徘徊不定，我起舞影子飘前飘后。

清醒时我们共同欢乐，酒醉以后各奔东西。

但愿能永远尽情漫游，在茫茫的天河中相见。

赏析：《月下独酌》一共四首，其中以第一首流传最广。本首诗写诗人由政治失意而产生的一种孤寂忧愁的情怀。诗中把寂寞的环境渲染得十分热闹，不仅笔墨传神，更重要的是表达了诗人独自排遣寂寞的旷达不羁的个性和情感。

（2）

古诗十九首·迢迢牵牛星

佚名（两汉）

迢迢牵牛星，皎皎河汉女。

纤纤擢素手，札札弄机杼。

终日不成章，泣涕零如雨。

河汉清且浅，相去复几许。

盈盈一水间，脉脉不得语。

译文：

那遥远而亮洁的牵牛星，那皎洁而遥远的织女星。

织女正摆动柔长洁白的双手，织布机札札地响个不停。

因为相思而整天也织不出什么花样，她哭泣的泪水零落如雨。

只隔了道清清浅浅的银河，他俩离得也没有多远。

相隔在清清浅浅的银河两边，含情脉脉相视无言地痴痴凝望。

赏析： 此诗描写了天上的一对夫妇牛郎和织女，视点却在地上，是以第三者的角度观察他们夫妇的离别之苦。这首诗感情浓郁，真切动人。全诗以物喻人，构思精巧。

------

3. 七言诗

七言诗简称七古，是对七古和歌行的统称。古人所谓七言，并不是说全诗每一句都是七个字，而是只要诗中多数的句子是七言就可以了。七言诗在古代诗歌中，是形式最活泼、体裁最多样、句法和韵脚的处理最自由，而且抒情叙事最富有表现力的一种诗歌形式，简单地说，就是篇幅较长、容量较大、用韵灵活。

七言诗起源于民谣。先秦时期除《诗经》《楚辞》已有七言句式外，荀子的《成相篇》就是模仿民间歌谣写成的以七言为主的杂言体韵文。

李白在七言诗发展中作出了巨大贡献。李白的七古有丰富的社会内容和巨大的思想容量，在反映生活的深度与广度方面，都达到了前所未有的高度；在形式上，具有句式多变和韵律结构多变两个突出特点，从而把七古的艺术表现力推到了前所未有的高度。在李白的七古中，浪漫主义精神得到了最充分的表现，浪漫主义艺术特征得到了最充分的发挥。

【七言诗列举】

（1）

春江花月夜

张若虚（唐）

春江潮水连海平，海上明月共潮生。

滟滟随波千万里，何处春江无月明！

江流宛转绕芳甸，月照花林皆似霰。

空里流霜不觉飞，汀上白沙看不见。

江天一色无纤尘，皎皎空中孤月轮。

江畔何人初见月？江月何年初照人？

人生代代无穷已，江月年年望相似。

不知江月待何人，但见长江送流水。

白云一片去悠悠，青枫浦上不胜愁。

谁家今夜扁舟子？何处相思明月楼？

可怜楼上月徘徊，应照离人妆镜台。

玉户帘中卷不去，捣衣砧上拂还来。

此时相望不相闻，愿逐月华流照君。

鸿雁长飞光不度，鱼龙潜跃水成文。

昨夜闲潭梦落花，可怜春半不还家。

江水流春去欲尽，江潭落月复西斜。

斜月沉沉藏海雾，碣石潇湘无限路。

不知乘月几人归，落月摇情满江树。

译文：春天的江潮水势浩荡，与大海连成一片，一轮明月从海上升起，好像与潮水一起涌出来。月光照耀着春江，随着波浪闪耀千万里，整条春江都有明亮的月光！江水曲曲折折地绕着花草丛生的原野流淌，月光照射着开遍鲜花的树林，好像细密的雪珠在闪烁。月色如霜，所以霜飞无从觉察，洲上的白沙和月色融合在一起，看不分明。江水、天空成一色，没有一点微小灰尘，明亮的天空中只有一轮孤月高悬空中。江边上什么人最初看见月亮？江上的月亮哪一年最初照耀着人？人生一代代地无穷无尽，只有江上的月亮一年年地总是相像。不知江上的月亮等待着什么人，只见长江不断地一直输送着流水。游子像一片白云缓缓地离去，只剩下思妇站在离别的青枫浦不胜忧愁。哪家的游子今晚坐着小船在漂流？什么地方有人在明月照耀的楼上相思？可怜楼上不停移动的月光，应该照耀着离人的梳妆台。月光照进思妇的门帘，卷不走；照在她的捣衣砧上，拂不掉。这时互相望着月亮可是互相听不到声音，我希望随着月光流去照耀着您。鸿雁不停地飞翔，而不能飞出无边的月光，月照江面，鱼龙在水中跳跃，激起阵阵波纹。昨天夜里梦见花落闲潭，可惜的是春天过了一半自己还不能回家。江水带着春光将要流尽，水潭上的月亮又要西落。斜月慢慢下沉，藏在海雾里，碣石与潇湘的离人距离无限遥远。不知有几人能趁着月光回家，唯有那西落的月亮摇荡着离情，洒满了江边的树林。

赏析：《春江花月夜》被闻一多先生誉为"诗中的诗，顶峰上的顶峰"（《宫体诗的自赎》），一千多年来使无数读者为之倾倒。一生仅留下两首诗的张若虚，也因这一首诗，"孤篇横绝，竟为大家"。诗篇题目就令人心驰神往，以春、江、花、月、夜这五种事物集中体现了人生最动人的良辰美景，构成诱人探寻的奇妙艺术境界。

（2）

白雪歌送武判官归京

岑参（唐）

北风卷地白草折，胡天八月即飞雪。

忽如一夜春风来，千树万树梨花开。

散入珠帘湿罗幕，狐裘不暖锦衾薄。

将军角弓不得控，都护铁衣冷难着。

瀚海阑干百丈冰，愁云惨淡万里凝。

中军置酒饮归客，胡琴琵琶与羌笛。

纷纷暮雪下辕门，风掣红旗冻不翻。

轮台东门送君去，去时雪满天山路。

山回路转不见君，雪上空留马行处。

译文： 北风席卷大地把白草吹折，胡地天气八月就纷扬落雪。忽然间宛如一夜春风吹来，好像是千树万树梨花盛开。雪花散入珠帘打湿了罗幕，狐裘穿不暖锦被也嫌单薄。将军都护手冻得拉不开弓，铁甲冰冷得让人难以穿着。沙漠结冰百丈纵横有裂纹，万里长空凝聚着惨淡愁云。主帅帐中摆酒为归客饯行，胡琴琵琶羌笛合奏来助兴。傍晚辕门前大雪落个不停，红旗冻僵了风也无法吹动。轮台东门外欢送你回京去，你去时大雪盖满了天山路。山路迂回曲折已看不见你，雪上只留下一行马蹄印迹。

赏析： 《白雪歌送武判官归京》是岑参边塞诗的代表作。在这首诗中，诗人以敏锐观察力和浪漫奔放的笔调，描绘了祖国西北边塞的壮丽景色，以及边塞军营送别归京使臣的热烈场面，表现了诗人和边防将士的爱国热情，以及他们对战友的真挚感情。

----

4. 杂言诗

杂言诗是古代中国诗歌体裁之一，是古体诗所独有的。诗句长短不齐，有一字至十字以上，一般为三、四、五、七言相杂，但以七言为主。

"杂言古诗"的"杂言"状态大致分为两种：一是大部分为七言句，仅掺入极少数多出字的八言句等形式；二是三言、四言、五言、六言、七言以至八言以上等各种句子自由地混杂于一首诗中。

《诗经》和汉乐府民歌中杂言诗较多。唐宋时代的杂言诗形式多种多样：有七言中杂五言的，如李白的《行路难》；有七言中杂三、五言的，如李白的《将进酒》；有七言中杂二、三、四、五言至十言以上的，如杜甫的《茅屋为秋风所破歌》；有以四、六、八言为主，杂五、七言的，如李白的《蜀道难》。

【杂言诗列举】

（1）

将进酒

李白（唐）

君不见黄河之水天上来，奔流到海不复回。

君不见高堂明镜悲白发，朝如青丝暮成雪。

人生得意须尽欢，莫使金樽空对月。

天生我材必有用，千金散尽还复来。

烹羊宰牛且为乐，会须一饮三百杯。

岑夫子，丹丘生，将进酒，杯莫停。

与君歌一曲，请君为我倾耳听。

钟鼓馔玉不足贵，但愿长醉不愿醒。

古来圣贤皆寂寞，惟有饮者留其名。

陈王昔时宴平乐，斗酒十千恣欢谑。

主人何为言少钱，径须沽取对君酌。

五花马，千金裘，呼儿将出换美酒，与尔同销万古愁。

译文：

你可见黄河水从天上流下来，波涛滚滚直奔向东海不回还。

你可见高堂明镜中苍苍白发，早上满头青丝晚上就如白雪。

人生得意时要尽情享受欢乐，不要让金杯空对皎洁的明月。

天造就了我成材必定会有用，即使散尽黄金也还会再得到。

煮羊宰牛姑且尽情享受欢乐，一气喝他三百杯也不要嫌多。

岑夫子啊、丹丘生啊，快喝酒啊，不要停啊。

我为在座各位朋友高歌一曲，请你们一定要侧耳细细倾听。

钟乐美食这样的富贵不稀罕，我愿永远沉醉酒中不愿清醒。

圣者仁人自古就寂然悄无声，只有那善饮的人才留下美名。

当年陈王曹植平乐观摆酒宴，一斗美酒值万钱他们开怀饮。

主人你为什么说钱已经不多，你尽管端酒来让我陪朋友喝。

管它是名贵的五花马还是狐皮裘，快叫侍儿统统拿去换美酒，与你同饮来消融这万古忧愁。

赏析：这首诗非常形象地表现了李白桀骜不驯的性格：一方面对自己充满自信，孤高自傲；一方面在政治前途出现波折后，又流露出纵情享乐之情。

（2）

茅屋为秋风所破歌

杜甫（唐）

八月秋高风怒号，卷我屋上三重茅。茅飞渡江洒江郊，高者挂罥长林梢，下者飘转沉塘坳。

南村群童欺我老无力，忍能对面为盗贼。公然抱茅入竹去，唇焦口燥呼不得，归来倚杖自叹息。

俄顷风定云墨色，秋天漠漠向昏黑。布衾多年冷似铁，娇儿恶卧踏里裂。床头屋漏无干处，雨脚如麻未断绝。自经丧乱少睡眠，长夜沾湿何由彻！

安得广厦千万间，大庇天下寒士俱欢颜！风雨不动安如山。呜呼！何时眼前突兀见此屋，吾庐独破受冻死亦足！

译文：八月秋深，狂风大声吼叫，狂风卷走了我屋顶上好几层茅草。茅草乱飞渡过浣花溪散落在对岸江边，飞得高的茅草缠绕在高高的树梢上，飞得低的飘飘洒洒沉落到池塘和洼地里。

南村的一群儿童欺负我年老没力气，竟忍心这样当面做"贼"抢东西，明目张胆地抱着茅草跑进竹林里去了。我费尽口舌也喝止不住，回到家后拄着拐杖独自叹息。

不久后风停了，天空上的云像墨一样黑，秋季的天空阴沉迷蒙渐渐黑了下来。布质的被子盖了多年又冷又硬像铁板似的，孩子睡觉姿势不好把被子蹬破了。如遇下雨整个屋子没有一点儿干燥的地方，雨点像下垂的麻线一样不停地往下漏。自从安史之乱后我的睡眠时间就很少了，长夜漫漫屋子潮湿不干如何才能挨到天亮？

如何能得到千万间宽敞的大屋，庇覆天底下贫寒的读书人，让他们喜笑颜开，房屋遇到风雨也不为所动，安稳得像山一样。唉！什么时候眼前出现这样高耸的房屋，到那时即使我的茅屋被秋风吹破自己受冻而死也心甘情愿！

赏析：上元二年（761）的春天，杜甫求亲告友，在成都浣花溪边盖起了一座茅屋，总算有了一个栖身之所。不料到了八月，大风破屋，大雨又接踵而至。诗人长夜难眠，感慨万千，写下了这篇脍炙人口的诗篇。诗中写的是自己的数间茅屋，表现的却是忧国忧民的情感。

---

5. 古体诗名句欣赏

《登幽州台歌》——陈子昂：前不见古人，后不见来者。念天地之悠悠，独怆然而涕下！

《木兰诗》——佚名：雄兔脚扑朔，雌兔眼迷离；双兔傍地走，安能辨我是雄雌？

《孔雀东南飞》——佚名：君当作磐石，妾当作蒲苇。蒲苇纫如丝，磐石无转移。

《梦游天姥吟留别》——李白：安能摧眉折腰事权贵，使我不得开心颜？

《上邪》——佚名：山无陵，江水为竭，冬雷震震，夏雨雪，天地合，乃敢与君绝。

《七步诗》——曹植：本自同根生，相煎何太急？

《长歌行》——佚名：百川东到海，何时复西归？少壮不努力，老大徒伤悲！

《垓下歌》——项羽：力拔山兮气盖世。时不利兮骓不逝。骓不逝兮可奈何！虞兮虞兮奈若何！

《越人歌》——佚名：山有木兮木有枝，心悦君兮君不知。

《击鼓》——佚名：死生契阔，与子成说。执子之手，与子偕老。

（二）近体诗

近体诗是与古体诗相对而言的一种诗体，又称"今体诗"，是唐代形成的律诗和绝句的通称。近体诗以律诗为代表，因为句数、字数、押韵、平仄、对仗、格律方面都有严格的要求，故又称它为格律诗。近体诗在中国诗歌发展史上有着重要地位，对历史文化的研究也作出了卓越的贡献。著名的代表诗人有李白、杜甫、李商隐、陆游等。

近体诗的特点主要表现为：一是句数、字数固定。绝句四句，律诗八句；五绝20字，七绝28字；五律40字，七律56字。二是讲究押韵。近体诗押韵的位置（韵脚）是固定的，律诗二四六八句、绝句二四句必须押韵（不管律诗绝句，首句既可入韵也可不入韵）；必须一韵到底，且一般是押平声韵。除首句可用邻韵外，一般不允许邻韵通押，就是字数少的窄韵也不能出韵。三是讲究平仄。古代有四个声调，分别是平、上、去、入。平指平声，仄指上、去、入三声。通常，每一句第二、四、六个字必须平仄两两相反，此为同句相间；同组诗句中，第二、四、六个字平仄相反，此为同联相对；邻联之间，第二、四、六个字平仄相同，此为邻联相粘。近体诗之所以读起来抑扬顿挫，就是因为它的平仄有一定规范。四是讲究对仗。对仗主要适用于律诗，绝句不要求对仗。律诗除首尾两联，其他一律对仗，即要求两句同一位置上句式与词性相同或相近。

1. 绝句

绝句又称绝诗，或称截句、断句，截和断都含有短截的意思。按照《诗法源流》的解释，绝句是"截句"的意思，就是截取律诗四句，或截首尾二联，或截前二联或后二联，或是中间二联。

绝句每首四句，按每句字数，可分为五言绝句、六言绝句、七言绝句。五言绝句、七言绝句较多，六言绝句极少。它的特点是篇幅简短、语言精练、意境完整、内涵丰富、声韵优美、易诵易记。绝句是唐诗最短小的体裁，也是中国古典诗歌最短小的体裁之一。

【绝句列举】

（1）

相思

王维（唐）

红豆生南国，春来发几枝。

愿君多采撷，此物最相思。

译文：鲜红浑圆的红豆，生长在阳光明媚的南方，春暖花开的季节，不知又生出多少？希望思念的人儿多多采集，小小红豆引人相思。

赏析：《相思》是唐代诗人王维创作的一首借咏物而寄相思的五绝。此诗写相思之情，却全篇不离红豆。红豆又名相思子，此诗正是用相思子的名字来表达相思的情感。

（2）

江雪

柳宗元（唐）

千山鸟飞绝，万径人踪灭。

孤舟蓑笠翁，独钓寒江雪。

译文：千山万岭不见飞鸟的踪影，千路万径不见行人的足迹。一叶孤舟上，一位身披蓑衣头戴斗笠的渔翁，独自在漫天风雪中垂钓。

赏析：本诗是诗人在永州创作的一首五言绝句。诗中运用典型概括的手法，选择千山万径、人鸟绝迹这种最能表现山野严寒的典型景物，描绘大雪纷飞、天寒地冻的图景；接着勾画独钓寒江的渔翁形象，借以表达诗人在遭受打击之后不屈而又深感孤寂的情绪。

（3）

八阵图

杜甫（唐）

功盖三分国，名高八阵图。

江流石不转，遗恨失吞吴。

译文：三国鼎立你建立了盖世功绩，创八阵图你成就了永久声名。江水东流推不转你布阵用的石头，千古遗恨你灭吴失策功未就。

赏析：这是作者初到夔州时作的一首咏怀诸葛亮的诗，写于大历元年（766）。"八阵图"是指由天、地、风、云、龙、虎、鸟、蛇八种阵势所组成的军事操练和作战的阵图，是诸葛亮的一项创造，反映了他卓越的军事才能。

（4）

凉州词二首·其一

王之涣（唐）

黄河远上白云间，一片孤城万仞山。

羌笛何须怨杨柳，春风不度玉门关。

译文：黄河好像从白云间奔流而来，玉门关孤独地耸峙在高山中。何必用羌笛吹起那哀怨的《杨柳曲》去埋怨春光迟迟不来呢，原来玉门关一带春风是吹不到的啊！

赏析：本首诗歌以一种特殊的视角描绘了黄河远眺的特殊感受，同时也展示了边塞地区壮阔、荒凉的景色，悲壮苍凉，流露出一股慷慨之气，边塞的酷寒正体现了戍守边防的将士回不了故乡的哀怨，这种哀怨不消沉，而是壮烈广阔。

（5）

夜雨寄北

李商隐（唐）

君问归期未有期，巴山夜雨涨秋池。

何当共剪西窗烛，却话巴山夜雨时。

译文：您问归期，归期实难说准。巴山连夜暴雨，涨满秋池。何时归去，共剪西窗烛花，当面诉说，今宵巴山夜雨中的思念之情。

赏析：本首诗歌是晚唐诗人李商隐身居异乡巴蜀，写给远在长安的妻子（或友人）的一首抒情七言绝句，是诗人给对方的复信。

（6）

泊秦淮

杜牧（唐）

烟笼寒水月笼沙，夜泊秦淮近酒家。

商女不知亡国恨，隔江犹唱后庭花。

译文： 迷离月色和轻烟笼罩寒水和白沙，夜晚船泊在秦淮靠近岸上的酒家。卖唱的歌女不懂什么叫亡国之恨，隔着江水仍在高唱着《玉树后庭花》。

赏析： 本首诗歌是诗人夜泊秦淮时触景感怀之作，前半段写秦淮夜景，后半段抒发感慨，借陈后主（陈叔宝）因追求荒淫享乐终至亡国的历史，讽刺那些不从中吸取教训而醉生梦死的晚唐统治者，表现了作者对国家命运的无比关怀和深切忧虑的情怀。

------

2. 律诗

律诗起源于南北朝，成熟于唐初，因格律非常严格，所以称律诗。律诗通常每首八句，超过八句的，则称排律或长律。律诗句子字数整齐划一，每句五言或七言，分别称五言律诗、七言律诗。

律诗，每二句成一联，共四联，习惯上称第一联为首联，第二联为颔联，第三联为颈联，第四联为尾联。

律诗中间的两联（颔联和颈联）要求对仗，第二、四、六、八句必须押韵，第一句由平声字收尾，也需要押韵。律诗押韵要求严格，都要用平声韵，而且一韵到底，不允许相邻的韵通押。

五律、七律的第三、五、七句，不需要押韵，但必须用仄声字收尾。第一句也可以用仄声字收尾。

【律诗列举】

（1）

望月怀远

张九龄（唐）

海上生明月，天涯共此时。

情人怨遥夜，竟夕起相思。

灭烛怜光满，披衣觉露滋。

不堪盈手赠，还寝梦佳期。

译文： 茫茫的海上升起一轮明月，此时你我都在天涯共相望。有情之人都怨恨月夜漫长，整夜里不眠而把亲人怀想。熄灭蜡烛怜爱这满屋月光，我披衣徘徊深感夜露寒凉。不能把美好的月色捧给你，只望能够与你相见在梦乡。

赏析： 本首诗歌是作者在离乡时，望月思念远方亲人而写的。月亮在海上升起，勾起两地相思之苦，竟夕难眠，又觉得还是只有在睡梦中才能相见，描绘出了深深的怀远之情。

（2）

登岳阳楼

孟浩然 杜甫（唐）

昔闻洞庭水，今上岳阳楼。

吴楚东南坼，乾坤日夜浮。

亲朋无一字，老病有孤舟。

戎马关山北，凭轩涕泗流。

译文： 以前就听说洞庭湖波澜壮阔，今日如愿终于登上岳阳楼。浩瀚的湖水把吴楚两地撕裂，似乎日月星辰都漂浮在水中。亲朋好友们音信全无，我年老多病，乘孤舟四处漂流。北方边关战事又起，我倚着栏杆远望泪流满面。

赏析： 本首诗歌是杜甫诗中的五律名篇，前人称为盛唐五律第一。全诗意蕴丰厚，虽然悲伤，却不消沉；虽然沉郁，却不压抑。反映了其关心民生疾苦的风格。

（3）

过故人庄

孟浩然（唐）

故人具鸡黍，邀我至田家。

绿树村边合，青山郭外斜。

开轩面场圃，把酒话桑麻。

待到重阳日，还来就菊花。

译文： 老朋友预备丰盛的饭菜，邀请我到他的农家做客。翠绿的树林围绕着村落，苍青的山峦在城外横卧。推开窗户面对谷场菜园，手举酒杯闲谈庄稼情况。等到九九重阳节到来时，再请君来这里观赏菊花。

赏析： 本首诗歌是一首田园诗，描写农家恬静闲适的生活情景，也写老朋友的情谊，表达作者对简朴田园生活的向往。

（4）

锦瑟

李商隐（唐）

锦瑟无端五十弦，一弦一柱思华年。

庄生晓梦迷蝴蝶，望帝春心托杜鹃。

沧海月明珠有泪，蓝田日暖玉生烟。

此情可待成追忆？只是当时已惘然。

译文： 精美的瑟为什么竟有五十根弦，每弦每节都叫人思念似水年华。庄周翩翩起舞睡梦中化为蝴蝶，望帝把自己的幽恨托身于杜鹃。沧海明月高照，鲛人泣泪皆成珠；蓝田红日和暖，可看到良玉生烟。悲欢离合之情，岂待今日来追忆，只是当年却漫不经心，早已惘然。

赏析： 本首诗歌作者追忆了自己的青春年华，伤感自己不幸的遭遇，寄托了悲慨、愤懑的心情。大量借用庄生梦蝶、杜鹃啼血、沧海珠泪、良玉生烟等典故，采用比兴手法，运用联想与想象，把听觉的感受，转化为视觉形象，以片段意象的组合，创造朦胧的境界，从而借助可视可感的诗歌形象来传达其真挚浓烈而又幽约深曲的深思。

（5）

蜀相

杜甫（唐）

丞相祠堂何处寻？锦官城外柏森森。

映阶碧草自春色，隔叶黄鹂空好音。

三顾频烦天下计，两朝开济老臣心。

出师未捷身先死，长使英雄泪满襟。

译文： 何处去寻找武侯诸葛亮的祠堂？在成都城外那树柏树茂密的地方。碧草照映台阶自当显露春色，树上的黄鹂隔枝空对婉转鸣唱。定夺天下先主曾三顾茅庐拜访，辅佐两朝开国与继业忠诚满腔。可惜出师伐魏未捷而病亡军中，常使历代英雄们对此涕泪满裳。

赏析： 本首诗歌借游览古迹，表达了诗人对蜀汉丞相诸葛亮雄才大略、辅佐两朝、忠心报国的称颂以及对他出师未捷而身死的惋惜之情。诗中既有尊蜀正统的观念，又有才困时艰的感慨，字里行间寄寓感物思人的情怀。

（6）

登金陵凤凰台

李白（唐）

凤凰台上凤凰游，凤去台空江自流。

吴宫花草埋幽径，晋代衣冠成古丘。

三山半落青天外，二水中分白鹭洲。

总为浮云能蔽日，长安不见使人愁。

译文： 凤凰台上曾经有凤凰来这里游憩，而今凤凰已经飞走了，只留下这座空台伴着江水仍径自东流不息。当年华丽的吴王宫殿及其中的千花百草，如今都已埋没在荒凉幽僻的小径中，晋代的达官显贵们，就算曾经有过辉煌的功业，如今也长眠于古坟里了，早已化为一抔黄土。我站在台上，看着远处的三山，依然耸立在青天之外，白鹭洲把秦淮河隔成两条水道。天上的浮云随风飘荡，有时把太阳遮住，使我看不见长安城，而不禁感到非常忧愁。

赏析：本首诗歌是李白登金陵凤凰台而创作的怀古抒情之作。全诗以登临凤凰台时的所见所感而起兴唱叹，把天荒地老的历史变迁与悠远飘忽的传说故事结合起来抒志言情，用以表达深沉的历史感喟与清醒的现实思索。此诗气韵高古，格调悠远，体现了李白诗歌以气夺人的艺术特色。

------

3. 近体诗名句欣赏

【绝句名句欣赏】

《竹里馆》——王维：独坐幽篁里，弹琴复长啸。

《夏日绝句》——李清照：生当作人杰，死亦为鬼雄。

《夜宿山寺》——李白：危楼高百尺，手可摘星辰。

《宿建德江》——孟浩然：野旷天低树，江清月近人。

《乐游原》——李商隐：夕阳无限好，只是近黄昏。

《送元二使安西》——王维：劝君更尽一杯酒，西出阳关无故人。

《闻王昌龄左迁龙标遥有此寄》——李白：我寄愁心与明月，随君直到夜郎西。

《别董大》——高适：莫愁前路无知己，天下谁人不识君。

《题乌江亭》——杜牧：江东子弟多才俊，卷土重来未可知。

《出塞》——王昌龄：但使龙城飞将在，不教胡马度阴山。

【律诗名句欣赏】

《使至塞上》——王维：大漠孤烟直，长河落日圆。

《春望》——杜甫：感时花溅泪，恨别鸟惊心。

《山居秋暝》——王维：明月松间照，清泉石上流。

《送杜少府之任蜀州》——王勃：海内存知己，天涯若比邻。

《送友人》——李白：浮云游子意，落日故人情。

《登高》——杜甫：无边落木萧萧下，不尽长江滚滚来。

《黄鹤楼》——崔颢：黄鹤一去不复返，白云千载空悠悠。

《钱塘湖春行》——白居易：乱花渐欲迷人眼，浅草才能没马蹄。

《过零丁洋》——文天祥：人生自古谁无死？留取丹心照汗青。

《临安春雨初霁》——陆游：小楼一夜听春雨，深巷明朝卖杏花。

（三）无题诗

无题诗是以"无题"二字为标题的诗。之所以用"无题"作题目，是因为作者不便于或不想直接用题目来显露诗歌的主旨。这样的诗，往往寄托着作者难言的隐痛、莫名的情思、苦涩的情怀、执着的追求等。

无题诗有五言无题诗、七言无题诗等。古代无题诗的著名代表人物是李商隐。李商隐的七律无题，艺术上最成熟，最能代表其无题的独特艺术风貌。

【无题诗列举】

（1）

无题·昨夜星辰昨夜风

李商隐（唐）

昨夜星辰昨夜风，画楼西畔桂堂东。

身无彩凤双飞翼，心有灵犀一点通。

隔座送钩春酒暖，分曹射覆蜡灯红。

嗟余听鼓应官去，走马兰台类转蓬。

译文： 昨夜星光灿烂，夜半却有习习凉风；我们酒筵设在画楼西畔、桂堂之东。身上无彩凤的双翼，不能比翼齐飞；内心却像灵犀一样，感情息息相通。互相猜钩嬉戏，隔座对饮春酒暖心；分组来行酒令，决一胜负烛光泛红。可叹呵，听到五更鼓应该上朝点卯；策马赶到兰台，像随风飘转的蓬蒿。

赏析： 全诗以心理活动为出发点，诗人的感受细腻而真切，将一段可意会不可言传的情感描绘得扑朔迷离而又入木三分。

（2）

无题·相见时难别亦难

李商隐（唐）

相见时难别亦难，东风无力百花残。

春蚕到死丝方尽，蜡炬成灰泪始干。

晓镜但愁云鬓改，夜吟应觉月光寒。

蓬山此去无多路，青鸟殷勤为探看。

译文： 见面的机会真是难得，分别时更是难舍难分，况且又兼东风将收的暮春天气，百花残谢，更加使人伤感。春蚕结茧到死时丝才吐完，蜡烛要烧成灰烬时像泪一样的蜡油才能滴干。女子早晨妆扮照镜，只担忧丰盛如云的鬓发改变颜色，青春的容颜消失。男子晚上长吟不寐，必然感到冷月侵人。对方的住处就在不远的蓬莱山，却无路可通，可望而不可即。希望有青鸟一样的使者殷勤地为我去探看情人。

赏析： 这首诗，以女性的口吻抒写爱情心理，在悲伤、痛苦之中，寓有灼热的渴望和坚韧的执着精神，感情境界深微绵邈，极为丰富。

（3）

无题·重帏深下莫愁堂

李商隐（唐）

重帏深下莫愁堂，卧后清宵细细长。

神女生涯原是梦，小姑居处本无郎。

风波不信菱枝弱，月露谁教桂叶香。

直道相思了无益，未妨惆怅是清狂。

译文： 重重帷幕深垂，我孤居莫愁堂；独卧不眠，更觉静夜漫漫长长。巫山神女艳遇楚王，原是梦幻；青溪小姑住所，本就独处无郎。我是柔弱菱枝，偏遭风波摧残；我是铃芳桂叶，却无月露桂香。虽然深知沉溺相思，无益健康；我却痴情到底，落个终身清狂。

赏析：这首七律无题，内容是抒写青年女子爱情失意的幽怨，相思无望的苦闷，又采取女主人公深夜追思往事的方式，因此，女主人公的心理独白就构成了诗的主体。她的身世遭遇和爱情生活中某些具体情事就是通过追思回忆或隐或显地表现出来的。

（4）

无题四首·其一

李商隐（唐）

来是空言去绝踪，月斜楼上五更钟。

梦为远别啼难唤，书被催成墨未浓。

蜡照半笼金翡翠，麝熏微度绣芙蓉。

刘郎已恨蓬山远，更隔蓬山一万重。

译文：你说来相会是空话，别后不见踪影；醒来楼上斜月空照，听得晓钟初鸣。梦里为伤远别啼泣，双双难以呼唤；醒后研墨未浓，奋笔疾书写成一信。残烛半照金翡翠的被褥，朦朦胧胧；麝香熏透芙蓉似的纱帐，软软轻轻。当年的刘郎，早已怨恨那蓬山遥远；你去的所在，要比蓬山更隔万重岭！

赏析：全篇围绕"梦"来写离别之恨。但它并没有按远别—思念—入梦—梦醒的顺序来写，而是先从梦醒时情景写起，然后将梦中与梦后、实境与幻觉糅合在一起，创造出疑梦疑真、亦梦亦真的艺术境界，最后才点明蓬山万重的阻隔之恨，与首句遥相呼应。

（5）

无题·凤尾香罗薄几重

李商隐（唐）

凤尾香罗薄几重，碧文圆顶夜深缝。

扇裁月魄羞难掩，车走雷声语未通。

曾是寂寥金烬暗，断无消息石榴红。

斑骓只系垂杨岸，何处西南任好风。

译文：织着凤尾纹的绫罗，薄薄重重；碧纹的圆顶罗帐，我深夜赶缝。那回邂逅，来不及用团扇掩盖；可你驱车隆隆而过，无语相通。曾因寂寥不眠，想到更残烛尽；却无你的消息，等到石榴花红。也许你在垂杨岸，拴系斑骓马；怎能等到，送去会你的西南风。

赏析：本诗抒写一女子爱情失意的幽怨和长相思的苦闷心情，表现她对往事的追忆和对会合的深情期待，表达了流光易逝、青春虚度的怅惘和感伤之情。

（四）词

词是一种诗的别体，是配合宴乐乐曲而填写的歌词。萌芽于南朝，是隋唐时兴起的一种新的文学样式，宋代进入词的全盛时期。词最初称为"曲词"或者"曲子词"，别称有"近体乐府""长短句""词子""曲词""乐章""琴趣""诗余"等。词牌是词的调子的名称，不同的词牌在总字数、句数，每句的字数、平仄上都有规定。

词按照长短规模可分为小令（58字以内）、中调（59~90字）和长调（91字以上，最长的词达240字）。词一般都分两段（叫作上下片或上下阕），极少有不分段或分两阕（片）以上的。一首词可以没有题目，但必须有词牌名。

宋词是中国古代文学皇冠上光辉夺目的明珠，在中国古代文学的园范里，她是一座芬芳绚丽的园圃。她以姹紫嫣红、千姿百态的神韵，与唐诗争奇，与元曲斗艳，历来与唐诗并称双绝，均代表一代文学之盛。

词基本分为婉约派、豪放派两大类。

1. 婉约派

婉约，即婉转含蓄。婉约派，中国古代词学流派之一，形成于晚唐。这一类词修辞婉转、表现细腻。在取材上，多写儿女之情、离别之情；在表现手法上，多用含蓄蕴藉的方法表现情绪。婉约派的代表人物有李煜、晏殊、柳永、秦观、李清照等。

【**婉约词列举**】

（1）

虞美人

李煜（南唐）

春花秋月何时了？往事知多少。小楼昨夜又东风，故国不堪回首月明中。

雕栏玉砌应犹在，只是朱颜改。问君能有几多愁？恰似一江春水向东流。

译文：这年的时光什么时候才能结束，往事知道有多少！昨夜小楼上又吹来了春风，在这皓月当空的夜晚怎能忍受得了回忆故国的伤痛。

精雕细刻的栏杆、玉石砌成的台阶应该都还在，只是所怀念的人已衰老。要问我心中有多少哀愁，就像那不尽的春江之水滚滚东流。

赏析：《虞美人》是李煜的代表作，也是李后主的绝命词。相传他于自己生日（七月七日）之夜（"七夕"），在寓所命歌妓作乐，唱新作《虞美人》词，声闻于外。宋太宗闻之大怒，命人赐药酒，将他毒死。这首词通过今昔交错对比，表现了一个亡国之君无穷的哀怨。

（2）

如梦令

李清照（宋）

昨夜雨疏风骤，浓睡不消残酒。试问卷帘人，却道海棠依旧。知否，知否？应是绿肥红瘦。

译文：昨夜雨虽然下得稀疏，但是风却劲吹不停，虽然睡了一夜，仍有余醉未消。问那正在卷帘的侍女，外面的情况如何，她说海棠花依然和昨天一样。知道吗？知道吗？这个时节应该是绿叶繁茂，红花凋零了。

赏析：这首小令有人物，有场景，还有对白，充分显示了宋词的语言表现力和词人的才华。小令借宿酒醒后询问花事的描写，曲折委婉地表达了词人的惜花伤春之情，语言清新，词意隽永。

（3）

声声慢

李清照（宋）

寻寻觅觅，冷冷清清，凄凄惨惨戚戚。乍暖还寒时候，最难将息。三杯两盏淡酒，怎敌他、晚来风急？雁过也，正伤心，却是旧时相识。

满地黄花堆积，憔悴损，如今有谁堪摘？守着窗儿，独自怎生得黑？

梧桐更兼细雨，到黄昏、点点滴滴。这次第，怎一个愁字了得！

译文： 苦苦地寻寻觅觅，却只见冷冷清清，怎不让人凄惨悲戚。乍暖还寒的时节，最难保养休息。喝三杯两杯淡酒，怎么能抵得住傍晚的寒风急袭？一行大雁从眼前飞过，更让人伤心，因为都是旧日的相识。

园中菊花堆积满地，都已经憔悴不堪，如今还有谁来采摘？冷清清地守着窗子，独自一个人怎么熬到天黑？梧桐叶上细雨淋漓，到黄昏时分，还是点点滴滴。这般情景，怎么能用一个"愁"字了结！

赏析： 靖康之变后，李清照经历了国家危亡、故乡沦陷、丈夫病逝等诸多不幸。这时期她的作品再没有当年那种清新可人，浅斟低唱，而是转为沉郁凄婉。此时的作品主要抒写她对亡夫赵明诚的怀念和自己孤单凄凉的景况。此词便是这一时期的典型代表作品之一。

2.豪放派

豪放派是形成于中国宋代的词学流派之一。豪放派的特点大体是创作视野较为广阔，气势恢宏雄放，喜用诗文的手法、句法写词，语词宏博，用事较多，不拘音律，然而有时失之平直，甚至涉于狂怪叫嚣。豪放词派不但震烁宋代词坛，而且广泛地影响词林后学，从宋、金直到清代，历来都有标举豪放旗帜，大力学习苏轼、辛弃疾的词人。

豪放派题材广阔。它不仅描写花间月下，男欢女爱，而且更喜摄取军情国事那样的重大题材入词，使词能像诗文一样地反映生活。它境界宏大、气势恢宏、崇尚直率、不拘格律、汪洋恣意。

豪放派的代表人物有苏轼、辛弃疾、岳飞、陈亮、陆游等。

【豪放词列举】

（1）

江城子·密州出猎

苏轼（宋）

老夫聊发少年狂，左牵黄，右擎苍，锦帽貂裘，千骑卷平冈。为报倾城随太守，亲射虎，看孙郎。

酒酣胸胆尚开张，鬓微霜，又何妨！持节云中，何日遣冯唐？会挽雕弓如满月，西北望，射天狼。

译文： 我姑且抒发一下少年的豪情壮志，左手牵着黄犬，右臂托起苍鹰，头戴华美鲜艳的帽子，身穿貂鼠皮衣，带着随从疾风般席卷平坦的山冈。为了报答全城的人跟随我出猎的盛意，我要像孙权一样，亲自射杀猛虎。

我痛饮美酒，心胸开阔，胆气更为豪壮，两鬓微微发白，这又有何妨？什么时候皇帝会派人下来，就像汉文帝派遣冯唐去云中赦免魏尚一样信任我呢？那时我将使尽力气拉满雕弓，就像满月一样，瞄准西北，射向西夏军队。

赏析： 本首词表达了强国抗敌的政治主张，抒写了渴望报效朝廷的壮志豪情。首三句直出会猎题意，次写围猎时的装束和盛况，然后转写自己的感想：决心亲自射杀猛虎，答谢全城军民的深情厚谊。下片叙述猎后的开怀畅饮，并以魏尚自比，希望能够承担卫国守边的重任。

（2）

永遇乐·京口北固亭怀古

辛弃疾（宋）

千古江山，英雄无觅孙仲谋处。舞榭歌台，风流总被，雨打风吹去。

斜阳草树，寻常巷陌，人道寄奴曾住。想当年，金戈铁马，气吞万里如虎。

元嘉草草，封狼居胥，赢得仓皇北顾。四十三年，望中犹记，烽火扬州路。

可堪回首，佛狸祠下，一片神鸦社鼓。凭谁问：廉颇老矣，尚能饭否？

译文： 历经千古的江山，再也难找到像孙权那样的英雄。当年的舞榭歌台还在，英雄人物却随着岁月的流逝早已不复存在。斜阳照着长满草树的普通小巷，人们说那是当年刘裕曾经住过的地方。回想当年，他领军北伐、收复失地的时候是何等威猛。

然而刘裕的儿子刘义隆好大喜功，仓促北伐，却反而让北魏太武帝拓跋焘乘机挥师南下，兵抵长江北岸而返，遭到对手的重创。我回到南方已经有43年了，看着中原仍然记得扬州战火连天的情景。怎么能回首啊，当年拓跋焘的行宫外竟有百姓在那里祭祀，乌鸦啄食祭品，人们过着社日，只把他当作一位神祇来供奉，还有谁会问，廉颇老了，饭量还好吗？

赏析： 本首词是怀着深重的忧虑和一腔悲愤写的。上片赞扬在京口建立霸业的孙权和率军北伐气吞胡虏的刘裕，表示要像他们一样金戈铁马为国立功。下片借讽刺刘义隆表明自己坚决主张抗金但反对冒进误国的立场和态度。全词豪壮悲凉，义重情深，表达了作者的爱国主义情怀。

（3）

满江红·怒发冲冠

岳飞（宋）

怒发冲冠，凭栏处、潇潇雨歇。抬望眼，仰天长啸，壮怀激烈。三十功名尘与土，八千里路云和月。莫等闲，白了少年头，空悲切！

靖康耻，犹未雪。臣子恨，何时灭！驾长车，踏破贺兰山缺。壮志饥餐胡虏肉，笑谈渴饮匈奴血。待从头、收拾旧山河，朝天阙。

译文： 气得头发竖起，以至于将帽子顶起，登高倚栏杆，一场潇潇细雨刚刚停歇。抬头望眼四周，辽阔一片，仰天长声啸叹，一片报国之心充满心怀，三十多年来虽已建立一些功名，但如同尘土微不足道，南北转战八千里，经过多少风云人生。不要虚度年华，花白了少年黑发，只有独自悔恨悲悲切切。

靖康年的奇耻，尚未洗雪。臣子愤恨，何时才能泯灭。我要驾着战车向贺兰山进攻，连贺兰山也要踏为平地。我满怀壮志，打仗饿了就吃敌人的肉，谈笑渴了就喝敌人的鲜血。我要从头再来，收复旧日河山，朝拜故都京阙。

赏析：本首词上片抒写作者对中原重陷敌手的悲愤，对局势前功尽弃的痛惜，表达了自己继续努力争取壮年立功的心愿；下片抒写作者对民族敌人的深仇大恨，对祖国统一的殷切希望，对国家朝廷的赤胆忠诚。全词情调激昂，慷慨壮烈，显示出一种浩然正气和英雄气质，表现了作者报国立功的信心和乐观主义精神。

---

3. 词名句欣赏

《浣溪沙》——晏殊：无可奈何花落去，似曾相识燕归来。

《卜算子》——李之仪：只愿君心似我心，定不负相思意。

《雨霖铃》——柳永：多情自古伤离别，更那堪，冷落清秋节！

《鹊桥仙》——秦观：两情若是久长时，又岂在朝朝暮暮。

《醉花阴》——李清照：莫道不销魂，帘卷西风，人比黄花瘦。

《破阵子·为陈同甫赋壮词以寄之》——辛弃疾：了却君王天下事，赢得生前身后名。可怜白发生！

《凉州词二首·其一》——王翰：醉卧沙场君莫笑，古来征战几人回？

《念奴娇·赤壁怀古》——苏轼：大江东去，浪淘尽，千古风流人物。

《渔家傲·秋思》——范仲淹：羌管悠悠霜满地，人不寐，将军白发征夫泪。

《西江月·夜行黄沙道中》——辛弃疾：稻花香里说丰年，听取蛙声一片。

第二章　汉字汉语

闲看木中门

思间心上田

一、汉字汉语概述

汉字汉语是中华文化宝库中的精华，是广大劳动人民创造的成果，是社会生活的结晶。汉字汉语包括广泛流行的定型的词组或句子——熟语（成语、歇后语、谚语）；雅俗共赏、民间风俗浓郁的文字联想游戏——灯谜；词语对仗、声律协调的格律文学——对联。这些汉字汉语在一定程度上反映了我们的语言文化习俗，折射出中华民族的价值观，具有深刻的符号意义和文化意蕴。

二、汉字汉语分类列举

（一）成语

《现代汉语词典》（第7版）中对成语一词的解释是："人们长期以来习用的、简洁精辟的定型词组或短句。"成语有以下几个特点：一是历史悠久，流传时间长；二是结构固定，多数由四字词构成；三是意义完整，多运用比喻、拟人、夸张、讽喻等手法来揭示深刻内涵，很多词都有深层含义；四是来源广泛，寓言故事、神话传说、历史事件、诗文词句都是成语的来源。

1. 寓言成语

寓言成语来源于寓言故事，内容丰富、形式多元，多集中于《庄子》《战国策》《韩非子》《列子》《淮南子》《孟子》《吕氏春秋》等典籍，现列举如下：

（1）《庄子》

①邯郸学步。

释义：源自《庄子·秋水》。比喻一味地模仿别人，不仅没学到本事，反而把原来的本事也丢了。

寓言故事：战国时期，燕国寿陵有个少年，听说赵国邯郸人走路的姿势特别优美，于是不顾路途遥远，来到邯郸学习当地人走路的姿势。结果，他不仅没有学到邯郸人走路的姿势，还把自己原来走路的姿势也忘记了，最后只好爬着回去。

②东施效颦。

释义：源自《庄子·天运》。比喻模仿别人，不但模仿不好，反而出丑。有时也作自谦之词，表示自己根底差，学别人的长处没有学到家。

寓言故事：古时候，越国有两个女子，一个叫西施，长得很美，一个叫东施，长得很丑。东施很羡慕西施的魅力，就时时模仿西施的一举一动。有一天，西施犯了心口疼的病，走在大街上，用手捂住胸口，双眉紧皱。东施见了，以为西施这样就是美，于是也学着她的样子在大街上走来走去，可是街上行人见她这个样子，吓得东躲西藏，不敢看她。

③呆若木鸡。

释义：源自《庄子·达生》。本来比喻精神内敛，修养到家。后用来形容一个人有些痴傻发愣的样子，或因恐惧或惊异而发愣的样子。

寓言故事：据传，周宣王爱好斗鸡，纪渻子是一个有名的斗鸡专家，被派去负责饲养斗鸡。十天后，周宣王催问道："训练成了吗？"纪渻子说："还不行，它一看见别的鸡，或听到别的鸡叫，就跃跃欲试。"又过了十天，周宣王问训练好了没有，纪渻子说："还不行，心神还相当活跃，火气还没有消退。"再过了十天，周宣王又说道："怎么样？难道还没训练好吗？"纪渻子说："现在差不多了，骄气没有了，心神也安定了，虽然别的鸡叫，它也好像没有听到似的，毫无反应，不论遇见什么突然情况，它都不动、不惊，看起来真像木鸡一样。这样的斗鸡，才算训练到家了，别的斗鸡一看见它，准会转身就逃，斗也不敢斗。"周宣王于是去看鸡的情况，果然呆若木鸡，不为外面光亮、声音所动，可是它的精神凝聚在内，别的鸡都不敢和它应战，看见它就走开了。

此外，还有"螳臂当车、鼓盆之戚、螳螂黄雀、贻笑大方、亦步亦趋、庖丁解牛、井底之蛙、涸辙之鲋、庄周梦蝶、每况愈下、蜗角之争、朝三暮四、相濡以沫、屠龙之技、安知鱼乐、鲁侯养鸟、斗水活鳞"等成语都出自《庄子》。

（2）《战国策》

①鹬蚌相争。

释义：源自《战国策·燕策二》。在各种纷乱复杂的矛盾斗争中，如果对立的双方争持不下，结果会两败俱伤，使第三者坐收渔利。

　　寓言故事：赵国要攻打燕国，苏代替燕国游说赵惠文王，说："今天我来，路过易水，看见一只河蚌正从水里出来晒太阳，一只鹬飞来啄它的肉，河蚌马上闭拢，夹住了鹬的嘴。鹬说：'今天不下雨，明天不下雨，就会干死你。'河蚌也对鹬说：'今天你的嘴出不去，明天你的嘴出不去，就会饿死你。'两个都不肯放弃，结果一个渔夫把它们俩一起捉走了。现在赵国要攻打燕国，燕赵如果长期相持不下，老百姓就会疲惫不堪，我担心强大的秦国就要成为那不劳而获的渔翁了。所以我希望大王认真考虑出兵之事。"赵惠文王说："好吧。"于是停止出兵攻打燕国。

　　②狐假虎威。

　　释义：源自《战国策·楚策一》。狐狸借老虎之威吓退百兽，后来比喻仰仗或倚仗别人的势力来欺压或吓唬人。

　　寓言故事：战国时期，楚国最强盛的时候，楚宣王曾问朝中大臣，北方各国为何都惧怕他手下的大将昭奚恤？一位名叫江乙的大臣向他叙述了下面这段故事："从前在某个山洞中有一只老虎，因为肚子饿了，便跑到外面寻觅食物。当它走到一片茂密的森林时，忽然看到前面有只狐狸正在散步。它觉得这正是一个千载难逢的好机会，于是，便一跃身扑过去，毫不费力地将它擒过来。可是当它张开嘴巴，正准备把那只狐狸吃进肚子里的时候，狡黠的狐狸突然说话了：'哼！你不要以为自己是百兽之王，便敢将我吞食掉。你要知道，天帝已经命令我为王中之王，无论谁吃了我，都将遭到天帝极严厉的制裁与惩罚。'老虎听了狐狸的话，半信半疑，可是，当它斜过头去，看到狐狸那副傲慢镇定的样子，心里不觉一惊。原先那股嚣张的气焰和盛气凌人的态势，竟不知何时已经消失了大半。虽然如此，它心中仍然在想：我是百兽之王，所以天底下任何野兽见了我都会害怕。而它，竟然是奉天帝之命来统治我们的！这时，狐狸见老虎迟疑着不敢吃自己，知道他对自己的那一番说辞已经有几分相信了，于是便更加神气十足地挺起胸膛，指着老虎的鼻子说：'怎么，难道你不相信我说的话吗？那么你现在就跟我来，走在我后面，看看所有野兽见了我，是不是都吓得魂不附体，抱头鼠窜。'老虎觉得这个主意不错，便照着去做了。于是，狐狸就大模大样地在前面开路，而老虎则小心翼翼地在后面跟着。它们没走多久，就隐约看见森林的深处，有许多小动物正在那儿争相觅食，但是当它们发现走在狐狸后面的老虎时，不禁大惊失色，狂奔四散。这时，狐狸很得意地掉过头去看老虎。老虎目睹了这种情形，不禁也有一些心惊胆战，但它并不知道野兽怕的是自己，而以为它们真是怕狐狸呢！狡狐之计得逞了，可是它的威势完全是因为假借老虎，才能凭着一时有利的形势去威胁群兽。而那可怜的老虎被人愚弄了，自己还不自知呢！因此，北方人民之所以畏惧昭奚恤，完全是因为大王的兵权掌握在他手里，也就是说，他们畏惧的其实是大王的权势呀！"

③狡兔三窟。

释义：源自《战国策·齐策四》。意思是狡猾的兔子准备好几个藏身的窝。比喻隐蔽的地方或方法多。

寓言故事：春秋时期，在齐国有位名叫孟尝君的人，他非常喜欢与文学家和有侠客风范的人交朋友，为了能常与他们讨论国家大事，总喜欢邀请这些人到家中长住。在这些人中，有位叫冯谖的人，他常常一住就是很长一段时间，但是却什么事都不做。虽然孟尝君觉得很奇怪，但是好客的他还是热情地招待冯谖。有一次，冯谖替孟尝君到薛地讨债，不但没跟当地百姓要债，反而还把契券全烧了。薛地人民以为这是孟尝君的恩德，心里充满感激。后来，孟尝君被齐王解除相国的职位，前往薛地定居，受到薛地人民热烈的欢迎。直到这时，不多话的冯谖才对孟尝君说："通常聪明的兔子都有三个洞穴，才能在紧急的时候逃过猎人的追捕，免除一死。但是你却只有一个藏身之处，所以你还不能高枕无忧，我愿意再为你安排另外两个可以安心的藏身之处。"于是冯谖去见梁惠王，对梁惠王说，如果能请到孟尝君帮他治理国家，那么梁国一定能够变得更强盛。梁惠王派人邀请孟尝君到梁国，准备让他担任治理国家的重要官职。可梁国的使者一连来了三次，冯谖都叫孟尝君不要答应。梁国派人请孟尝君去治理梁国的消息传到齐王那里，齐王一急，就赶紧派人请孟尝君回齐国当相国。冯谖要孟尝君向齐王提出希望能够拥有齐国祖传祭器的要求，并且将它们放在薛地，同时兴建一座祠庙，以确保薛地的安全。祠庙建好后，冯谖对孟尝君说："现在属于你的三个安身之地都建造好了，从此以后你就可以高枕无忧了。"

此外，"惊弓之鸟、画蛇添足、三人成虎、渔人得利、千金市骨、抱薪救火、见兔顾犬、亡羊补牢、南辕北辙"等成语都出自《战国策》。

（3）《列子》

①余音绕梁。

释义：源自《列子·汤问》。形容歌声优美，给人留下深刻的印象。

寓言故事：我国古时有一位善歌者韩娥，韩国人。一次她经过齐国，因路费用尽，便在齐国都城（临淄，今属山东）的雍门卖唱筹资。韩娥声音清脆嘹亮，婉转悠扬，十分动人。这次演唱，轰动全城。唱完以后，听众还聚在雍门，徘徊留恋，不肯散去。有人便到旅店去找韩娥，请她再来演唱。可是旅店老板却对韩娥很不礼貌，韩娥忍不住放声大哭。哭声悲伤凄楚，附近居民都被感动得流下泪来。由于韩娥的歌声婉转动听，唱完以后两三天，似乎还有遗留的歌声在屋梁间缭绕飘荡，一连三天大家都难过得吃不下饭。当人们听说韩娥已经出城离去时，立刻派人去追，苦苦挽留。韩娥不便违拗百姓的要求，便回来为大家继续演唱了一次。听众很高兴，几天来的悲伤情绪一扫而空。《列子·汤问》在描写这一情节时说"余音绕梁，三日不绝"。从此，人们称赞歌声或音乐的美妙，余音不绝，就常用"绕梁三日"来比喻。

②高山流水。

释义：源自《列子·汤问》。比喻知己或知音，也比喻乐曲高雅精妙。

寓言故事：春秋时期，俞伯牙擅长于弹奏琴弦，钟子期擅长于听音辨意。有一次，俞伯牙来到泰山（今武汉市汉阳龟山）北面游览时，突然遇到了暴雨，只好滞留在岩石之下，心里寂寞忧伤，便拿出随身带的古琴弹了起来。刚开始，他弹奏了反映连绵大雨的琴曲；接着，他又演奏了山崩似的乐音。恰在此时，樵夫钟子期忍不住在临近的一丛野菊后叫道："好曲！真是好曲！"原来，在山上砍柴的钟子期正在附近躲雨，在一旁早已聆听多时，不觉心旷神怡，听到高潮时便情不自禁地发出了由衷的赞赏。俞伯牙听到赞语，赶紧起身和钟子期打过招呼，又继续弹了起来。俞伯牙凝神于高山，赋意在曲调之中，钟子期在一旁听后频频点头："好啊，巍巍峨峨，真像是一座高峻无比的山啊！"俞伯牙又沉思于流水，隐情在旋律之外，钟子期听后，又在一旁

击掌称绝："妙啊，浩浩荡荡，就如同江河奔流一样呀！"俞伯牙每奏一支琴曲，钟子期就能完全听出它的意旨和情趣，这使得俞伯牙惊喜异常。他放下了琴，叹息着说："好啊！好啊！您的听音、辨向、明义的功夫实在是太高明了，您所说的跟我心里想的真是完全一样，我的琴声怎能逃过您的耳朵呢？"二人于是结为知音，并约好第二年再相会论琴。可是第二年俞伯牙来会钟子期时，得知钟子期不久前已经因病去世，俞伯牙痛惜伤感，难以用语言表达，于是就摔破了自己从不离身的古琴，从此不再抚弦弹奏，以谢平生难得的知音。

③齐人攫金。

释义：源自《列子·说符》。指齐人抢了金子就走，比喻利欲熏心而不顾一切。

寓言故事：从前齐国有一个人整天想着要有许多金子发大财。他打扮得整整齐齐来到集市一家金店，见各种各样的金器陈列在那里，于是二话不说揣起金器回头便走。几个巡吏把他抓获，问他为什么当众偷金，他说："我只见金子不见人。"

此外，"愚公移山、杞人忧天、牝牡骊黄、歧路亡羊、巧同造化、智子疑邻、鸥鹭忘机、十浆五馈"等成语都出自《列子》。

（4）《淮南子》

①削足适履。

释义：源自《淮南子·说林训》。鞋小脚大，把脚削去一些以适应小鞋。比喻不合理地迁就现成条件，或生搬硬套，勉强凑合。

寓言故事：晋献公宠爱骊姬，对她的话言听计从。骊姬提出要将自己所生的幼子奚齐立为太子，晋献公满口答应，并将原来的太子——自己亲生的儿子申生杀害了。骊姬将这两件事做完了，心中还是深感不踏实，因为晋献公还有重耳和夷吾两个儿子。此时，这两个儿子也都已经成人，骊姬觉得这对奚齐将来继承王位是极大的威胁，便建议杀了重耳和夷吾兄弟俩，晋献公竟欣然同意。但他们的密谋被一位正直的大臣探听到，并转告了重耳和夷吾，二人听说后，立即分头跑到国外避难去了。

《淮南子》的作者刘安评论这两件事时说："听信坏人的话，使父子、兄弟自相残杀，就像砍去脚指头去适应鞋的大小一样，太不明智了。"

②塞翁失马。

释义：源自《淮南子·人间训》。比喻虽然暂时遭受损失，也许却因此得到其他好处。也指坏事可能转变成好事。常与"安知非福"连用。

寓言故事：战国时期有一位老人，名叫塞翁。他养了许多马，一天马群中忽然有一匹走失了。邻居们听到这事，都来安慰他不必太着急，年龄大了，多注意身体。塞翁见有人劝慰，笑笑说："丢了一匹马损失不大，没准还会带来福气。"邻居们听了塞翁的话，心里觉得好笑。马丢了，明明是件坏事，他却认为也许是好事，显然是自我安慰而已。可是过了没几天，丢了的马不仅自己回家了，还带回一匹骏马。邻居们听说马自己回来了，非常佩服塞翁的远见，向塞翁道贺说："还是您老有远见，马不仅没有丢，还带回一匹好马，真是福气呀。"塞翁听了邻人的祝贺，反倒一点高兴的样子都没有，忧虑地说："白白得了一匹好马，不一定是什么福气，也许惹出什么麻烦来。"邻居们以为他故作姿态，纯属老年人的狡猾，心里明明高兴，有意不说出来。塞翁有个独生子，非常喜欢骑马，他发现带回来的那匹马身长蹄大，嘶鸣嘹亮，剽悍神骏，是匹好马，每天都骑马出游，心中洋洋得意。一天，他高兴得有些过火，打马飞奔，一个趔趄，从马背上跌下来，摔断了腿。邻居们听说，纷纷来慰问。塞翁说："没什么，腿摔断了却保住性命，或许是福气呢。"邻居们觉得他又在胡言乱语，他们想不出，摔断腿会带来什么福气。不久后，匈奴兵大举入侵，青年人应征入伍，塞翁的儿子因为摔断了腿，不能去当兵。入伍的青年都战死了，唯有塞翁的儿子保全了性命。

此外，"曲突徙薪、灵蛇之珠、扣角而歌、一叶知秋、蚌病成珠"等成语都出自《淮南子》。

（5）《孟子》

①杯水车薪。

释义：源自《孟子·告子上》。比喻无济于事，解决不了问题。

寓言故事：从前，有个樵夫砍柴回家，天气炎热，他推了满满的一车柴草来到一家茶馆门前。在屋里刚坐下喝了一会儿茶，就听见外面有人高喊："不好了，救火啊！柴车着火了！"樵夫立即起身，端起茶杯冲了出去。他把茶杯里的水向燃烧的柴车泼去，但丝毫不起作用，火越来越大，最后柴车化为了灰烬。

②揠苗助长。

释义：源自《孟子·公孙丑上》。把苗拔起来，帮助苗快长。比喻不顾事物的发展规律，强求速成，反而把事情弄糟。也作"拔苗助长"。

寓言故事：宋国有一个农夫，他担心自己田里的禾苗长不高，就天天到田边去看。

可是，一天、两天、三天，禾苗好像一点儿也没有往上长。他在田边焦急地转来转去，自言自语地说："我得想办法帮助它们生长。"

一天，他终于想出了办法，急忙奔到田里，把禾苗一棵棵地往上拔，从早上一直忙到太阳落山，弄得精疲力竭。他回到家里，十分疲劳，气喘吁吁地说："今天可把我累坏了，力气总算没白费，我帮禾苗都长高了一大截。"

他的儿子听了，急忙跑到田里一看，禾苗全都枯死了。

③明察秋毫。

释义：源自《孟子·梁惠王上》。形容目光敏锐，能够看清楚极其细微的东西。后多形容洞察一切。

寓言故事：齐桓公小白、晋文公重耳曾在春秋时期先后称霸，统领诸侯，是霸主中的代表。几百年后，战国时期的齐宣王田辟强也想称霸，因此去向孟子请教。

齐宣王对孟子说："您能把有关齐桓公、晋文公的事迹讲给我听吗？"

孟子答道："对不起，我们孔夫子的门徒向来不讲霸主的事，我们只讲王道，用道德的力量来统一天下。"

齐宣王问道："那要有怎样的道德才能统一天下呢？"

孟子说："我听说，有一次新钟铸成，准备杀牛祭钟，您看见好好一头牛，无罪而被杀，心中感到不忍。凭您这种好心，就可以行王道，施仁政，统一天下。问题不在于您能不能，而在于您干不干罢了！比方有人说：'我的力气能举重三千斤，但举不起一根羽毛；眼力能看清秋天鸟兽毫毛那样细微的东西，却看不见满车的木柴。'您相信这种话吗？"

齐宣王说："当然不相信！"

孟子紧接着说："是呀，不能相信。如今您的好心能用来对待动物，却不能用来爱护老百姓，这也同样难以叫人相信。老百姓之所以不能够安居乐业，是您根本不去关心的缘故。显然，这都是干与不干的问题，而不是能与不能的问题。您问能不能行王道、统一天下，问题也是如此，是不去干，而不是不能干！"

此外，"缘木求鱼、再作冯妇、一毛不拔、先知先觉、自怨自艾"等成语都出自《孟子》。

（6）《韩非子》

①守株待兔。

释义： 源自《韩非子·五蠹》。比喻不主动努力，而存万一的侥幸心理，希望得到意外的收获。

寓言故事： 相传在战国时期的宋国，有一个农民，日出而作，日入而息。遇到好年景，也不过刚刚吃饱穿暖；一遇灾荒，可就要忍饥挨饿了。他想改善生活，但他太懒，胆子又特小，干什么都是又懒又怕，总想碰到送上门来的意外之财。奇迹终于发生了，深秋的一天，他正在田里耕地，周围有人在打猎。吆喝之声四起，受惊的小野兽没命地奔跑。突然，有一只兔子，不偏不倚，一头撞死在他田边的树根上。当天，他美美地饱餐了一顿。从此，他便不再种地，一天到晚守着那树根，等着奇迹的出现。

②自相矛盾。

释义： 源自《韩非子·难一》。比喻说话办事前后不一致或互相抵触。

寓言故事： 楚国有一个卖兵器的人，到市场上去卖矛和盾。好多人都来看，他就举起盾，向大家夸口说："我的盾，是世界上最坚固的，无论怎样锋利的东西也不能刺穿它！"接着，这个卖兵器的人又拿起一支矛，大言不惭地夸起来："我的矛，是世界上最锋利的，无论怎样牢固坚实的东西也挡不住它一戳，只要一碰上，马上就会被它刺穿！"他十分得意，便又大声吆喝起来："快来看呀，快来买呀，世界上最坚固的盾和最锋利的矛！"这时，一个看客上前拿起一支矛，又拿起一面盾牌，问道："如果用这矛去戳这盾，会怎样呢？""这——"围观的人先是一愣，然后爆发出一阵大笑，便都散了。那个卖兵器的人，灰溜溜地扛着矛和盾走了。

③买椟还珠。

释义：源自《韩非子·外储说左上》。比喻取舍不当，抓了次要的，丢了主要的。

寓言故事：有个楚国人，他有一颗漂亮的珍珠，他打算把这颗珍珠卖出去。为了卖个好价钱，他便动脑筋要将珍珠好好包装一下，他觉得有了高贵的包装，那么珍珠的"身份"就自然会高贵起来。这个楚国人找来名贵的木兰，又请来手艺高超的匠人，为珍珠做了一个盒子（即椟），用桂椒香料把盒子熏得香气扑鼻。然后，在盒子的外面精雕细刻了许多好看的花纹，还镶上漂亮的金属花边，闪闪发亮，看上去，实在是一件精致美观的工艺品。这样，楚人将珍珠小心翼翼地放进盒子里，拿到市场上去卖。到市场上不久，很多人都围上来欣赏楚人的盒子。一个郑国人将盒子拿在手里看了半天，爱不释手，终于出高价将盒子买了下来。郑人交过钱后，便拿着盒子往回走，可是没走几步他又回来了。只见郑人将盒子里的珍珠取出来交给楚人说："先生，您将一颗珍珠忘在盒子里了，我是特意回来还珠子的。"于是郑人将珍珠交给了楚人，然后低着头一边欣赏木盒子，一边往回走去。楚人拿着被退回的珍珠，十分尴尬地站在那里。他原本以为别人会欣赏他的珍珠，可是没想到精美的外包装超过了包装盒内的价值，以至于"喧宾夺主"，令楚人哭笑不得。

此外，"一鸣惊人、滥竽充数、焚林而猎"等成语都出自《韩非子》。

（7）《吕氏春秋》

①刻舟求剑。

释义：源自《吕氏春秋·察今》。比喻拘泥成例，不知道跟着情势的变化而改变看法或办法。

寓言故事：战国时期，楚国有个人坐船渡江。船到江心，他一不小心，把随身携带的一把宝剑掉落江中。他赶紧去抓，已经来不及了。船上的人对此感到非常惋惜，但楚人似乎胸有成竹，马上掏出一把小刀，在船舷上刻上一个记号，并向大家说："这是我宝剑落水的地方，所以我要刻上一个记号。"大家都不理解他为什么这样做，也不再去问他。船靠岸后，楚人立即在船上刻记号的地方下水，去捞取掉落的宝剑。捞了半天，不见宝剑的影子。他觉得很奇怪，自言自语："我的宝剑不就是从这里掉下去的吗？我还在这里刻了记号呢，怎么会找不到呢？"船上的人纷纷大笑："船一直在行进，而你的宝剑却沉入了水底不动，你怎么找得到你的剑呢？"像他这样去找剑，真是太愚蠢可笑了。

②掩耳盗铃。

释义：源自《吕氏春秋·自知》。比喻自己欺骗自己。

寓言故事：春秋时期，晋国贵族智伯灭掉了范氏。有人趁机跑到范氏家里想偷点东西，看见院子里吊着一口大钟。钟是用上等青铜铸成的，造型和图案都很精美。小偷心里高兴极了，想把这口精美的大钟背回自己家去。可是钟又大又重，怎么也挪不动。他想来想去，只有一个办法，那就是把钟敲碎，然后再分块搬回家。小偷找来一把大锤，拼命朝钟砸去，"咣"的一声巨响，把他吓了一大跳。小偷慌了，心想这下糟了，这声音不就等于告诉人们我正在这里偷钟吗？他心里一急，身子一下子扑到了钟上，张开双臂想捂住钟声，可钟声又怎么捂得住呢！钟声依然悠悠地传向远方。他越听越害怕，不由地抽回双手，使劲捂住自己的耳朵。"咦，钟声变小了，听不见了！"小偷高兴起来，"妙极了！把耳朵捂住不就听不到钟声了吗？"他立刻找来两个布团，把耳朵塞住，心想，这下谁也听不见钟声了。于是他就放心砸起钟来，一下一下，钟声响亮地传到很远的地方。人们听到钟声蜂拥而至，把小偷捉住了。

此外，"黎丘丈人、引婴投江、亡戟得矛"等成语都出自《吕氏春秋》。

2. 神话成语

鲁迅先生曾指出："在古代，不问小说或诗歌，其要素总离不开神话。"成语的发展也是如此，很大一部分源于古代神话故事。这些成语借助神话的外衣实现了思想启蒙、讽喻现实的作用。下面就列举部分神话成语。

（1）精卫填海

释义：旧时比喻仇恨极深，立志报复。后比喻意志坚决，不畏艰难。是古人颂扬善良愿望和锲而不舍精神的神话故事。

神话故事：太阳神炎帝有一个小女儿，名叫女娃，是他最钟爱的女儿。有一天，女娃驾着小船，到东海游玩，此时海上起了风浪，像山一样的海浪把小船打翻，女娃不幸被淹死，永远回不来了。炎帝固然挂念他的女儿，也不能用他的光和热来使她死而复生，只是独自悲伤。

女娃不甘心自己的死，她的魂灵变成了一只小鸟，名叫"精卫"。精卫长着花脑袋、白嘴壳、红色爪子，大小有点像乌鸦，住在北方的发鸠山。她恨无情的大海夺去了自己年轻的生命，因此她常常飞到西山衔一粒小石子，或是一段小树枝，展翅高飞，一直飞到东海。她在波涛汹涌的海面上飞翔，把石子或树枝投下去，想要把大海填平。

大海奔腾着，咆哮着，露出雪亮亮的牙齿，凶恶地嘲笑着："小鸟，算了吧，你这工作就算干上一百万年，也休想把大海填平呢。"

精卫在高空答复大海："哪怕是干上一千万年，一万万年，干到宇宙的终尽，世界的末日，我也要把你填平！"

"你为什么仇恨我这样深呢？"

"因为你呀——夺取了我年轻的生命，将来还会有许多年轻无辜的生命要被你无情地夺去。"

"傻鸟，那么你就干吧——干吧！"大海哈哈大笑。

精卫在高空悲啸着："我要干的！我要干的！我要永无休止地干下去！这叫人

悲恨的大海啊，总有一天我会把你填成平地！"

她飞翔着，啸叫着，离开大海，飞回西山去，把西山上的石子和树枝衔来投进大海。她就这样往复飞翔，从不休息。

（2）女娲补天

释义：形容改造天地的雄伟气魄和大无畏的斗争精神。

神话故事：远古时代，四根擎天大柱倾倒，九州大地裂毁，天不能覆盖大地，大地无法承载万物，大火蔓延不熄，洪水泛滥不止，凶猛的野兽吃掉善良的百姓，凶猛的禽鸟用爪子抓取老人和小孩。在这种情况下，女娲冶炼五色石来修补苍天，砍断海中巨鳌的脚来做撑起四方的天柱，杀死黑龙来拯救冀州，用芦灰堆积起来堵塞住了洪水。

天空被修补了，天地四方的柱子重新竖立了起来，洪水退去，中原大地恢复了平静，凶猛的鸟兽都死了，善良的百姓存活下来。女娲背靠大地、怀抱青天，让春天温暖，夏天炽热，秋天肃杀，冬天寒冷。她头枕着方尺，身躺着准绳，当阴阳之气阻塞不通时，便给予梳理贯通；当逆气伤物危害百姓积聚财物时，便给予禁止消除。

（3）开天辟地

释义：常比喻空前的，自古以来没有过的。

神话故事：很久很久以前，天和地还没有分开，宇宙混沌一片。有个叫盘古的巨人，在这混沌之中，一直睡了十万八千年。

有一天，盘古忽然醒了。他见周围一片漆黑，就抡起大斧头，朝眼前的黑暗猛劈过去。只听一声巨响，混沌一片的东西渐渐分开了。轻而清的东西，缓缓上升，变成了天；重而浊的东西，慢慢下降，变成了地。

天和地分开以后，盘古怕它们还会合在一起，就头顶着天，用脚使劲蹬着地。天每天升高一丈，盘古也随着越长越高。这样不知过了多少年，天和地逐渐成形了，盘古也累倒了。

盘古倒下后，他的身体发生了巨大的变化。他呼出的气息，变成了四季的风和飘动的云；他发出的声音，化作了隆隆的雷声；他的双眼，变成了太阳和月亮；他的四肢，变成了大地上的东、西、南、北四极；他的肌肤，变成了辽阔的大地；他的血液，变成了奔流不息的江河；他的汗，变成了滋润万物的雨露。

（4）画龙点睛

释义：画龙之后再点上眼睛。比喻说话、写文章，在关键的地方用一两句精辟的话点明要旨，使内容更加传神有力。

神话故事：南北朝时期，有位很出名的大画家名叫张僧繇，他的绘画技术很高超。当时的皇帝梁武帝信奉佛教，修建了很多寺庙，都让他去作画。

传说，有一年，梁武帝要张僧繇为金陵的安乐寺作画，在寺庙的墙壁上画四条金龙。他答应下来，仅用三天时间就画好了。这些龙画得栩栩如生，惟妙惟肖，简直就像真龙一样活灵活现。

张僧繇的画吸引很多人前去观看，大家都称赞画得好，太逼真了。可是，当人们走近一点看，就会发现美中不足的是四条龙全都没有眼睛。大家纷纷请求他，把龙的眼睛点上。张僧繇解释说："给龙点上眼珠并不难，但是点上了眼珠这些龙会破壁飞走的。"

大家听后都不相信，认为他这样解释很荒唐，墙上的龙怎么会飞走呢？日子长了，很多人都以为他在说谎。

张僧繇被逼得没有办法，只好答应给龙"点睛"，但是他为了要让庙中留下两条白龙，只肯为另外两条白龙点睛。这一天，寺庙墙壁前有很多人围观，张僧繇当着众人的面，提起画笔，轻轻地给两条龙点上眼睛。果然，奇怪的事情发生了，他点完第二条龙的眼睛，过了一会儿，天空乌云密布，狂风四起，雷鸣电闪，在雷电之中，人们看见被"点睛"的两条龙震破墙壁、凌空而起，张牙舞爪地腾云驾雾飞向天空。

又过了一会儿，云散天晴，人们被吓得目瞪口呆，一句话都说不出来。再看看墙上，只剩下没有被点上眼睛的两条龙，而另外两条被"点睛"的龙却不知去向了。

（5）天衣无缝

释义：比喻事物周密完善，找不出破绽或漏洞。

神话故事：传说古时候有个叫郭翰的人，为人正派，气度不凡。一个盛夏的夜晚，郭翰躺在院子里的竹床上乘凉，忽然闻到了一股很奇怪的香气。不一会儿，一位美丽的姑娘从天而降，飘落在郭翰的床前。郭翰见了大吃一惊，赶紧起身问道："姑娘从哪里来？找我有何事？"姑娘微微一笑说："我是天上的仙女，因仰慕你的人品风度，特意前来与你相会。"郭翰一听是仙女前来，又惊又喜，仔仔细细将仙女打量了一番。他发现仙女穿的衣服很不一般，不但样式新颖，做工也很奇特。他看了半天，竟然没看到针线缝合的痕迹。郭翰惊讶地问仙女："你穿的衣服怎么没有衣缝呢？"仙女说："我这是天衣，天衣本来就不是用针线缝制的！"郭翰点点头，又将仙女的衣服看了一遍，内心赞叹不已。后来人们就用这个词比喻事物周密完善，找不出任何破绽。

3. 历史成语

出自古代典籍和历史名人的汉语成语占成语总量的很大比重，其中和历史名人相关的成语就有四百余个，分布于各个朝代。下面就列举部分历史成语故事。

（1）一字千金

释义：增损一字，赏以千金。形容文辞精妙，不可更改。

历史故事：战国末期，秦国有一个生意人名叫吕不韦。因在赵国的一段时间资助过秦庄襄王（名子楚，当时在赵国做质子），并把自己的妾赵姬送给子楚为妻，待子楚接王位后，吕不韦便被封为文信侯，官居相国。

庄襄王在位仅三年便病死了，由他13岁的儿子政（赵姬所生）接替王位，便是历史上有名的秦始皇。有名的战国四公子都养有食客数千人，吕不韦认为自己的地位不次于别人，也养了三千食客作为他的智囊，想出各种办法来巩固他的政权。这些食客，各色各样，应有尽有，他们各人有各自的见解和心得，都提出来编撰成《吕氏春秋》，备论天地万物古今之事。

当时吕氏在秦国首都咸阳公布此书，悬了赏格，说有人能在书中增加一字或减少一字者，就赏赐千金（合黄金一斤）。

（2）纸上谈兵

释义：在纸上谈论用兵。比喻不解决实际问题的空谈。

历史故事：战国时期，赵国大将赵奢曾以少胜多，大败入侵的秦军，被赵惠文王提拔为上卿。他有一个儿子叫赵括，从小熟读兵书，张口爱谈军事，别人往往说不过他。他因此很骄傲，自以为天下无敌。然而赵奢却很替他担忧，认为他不过是纸上谈兵，并且说："将来赵国不要用他为将，如果用他为将，他一定会使赵军遭受失败。"果然，公元前259年，秦军又来犯，赵军在长平坚持抗敌。那时赵奢已经去世，廉颇负责指挥全军，他年纪虽高，打仗仍然很有办法，使得秦军无法取胜。秦国知道拖下去于己不利，就施行了反间计，派人到赵国散布"秦军最害怕赵奢的儿子赵括将军"的话。赵王上当受骗，派赵括替代廉颇。赵括自认为很会打仗，死搬兵书上的条文，到长平后完全改变了廉颇的作战方案，结果四十多万赵军尽被歼灭，他自己也被秦军箭射身亡。

（3）四面楚歌

释义：比喻陷入孤立无援、四面受敌、走投无路的困境。

历史故事：项羽和刘邦原来约定以鸿沟东西边作为界限，互不侵犯。后来刘邦听从张良和陈平的规劝，觉得应该趁项羽衰弱的时候消灭他，于是和韩信、彭越、刘贾会合兵力追击正在向东开往彭城的项羽部队。终于布置了几层兵力，把项羽紧紧围在垓下（在今安徽灵璧县东南）。这时，项羽手下的兵士已经很少，粮食也没有了，夜里听见四面围住他的军队都唱起楚地的民歌，不禁非常吃惊地说："刘邦已经得到楚地了吗？为什么他的部队里面楚人这么多呢？"说着，心里已丧失了斗志，便从床上爬起来，在营帐里面喝酒，并和他最宠爱的妃子虞姬一同唱歌。唱完，直掉眼泪，在旁的人也非常难过，都觉得抬不起头来。一会儿，项羽骑上马，带了仅剩的八百名骑兵，从南突围逃走。边逃边打，到乌江畔自刎而死。

（4）投笔从戎

释义：指读书人放弃文字工作参加军队。投：扔掉。

历史故事：班超是东汉很有名气的将军，他从小就很用功，对未来也充满了希望。有一天，他正在抄写文件的时候，写着写着，突然觉得很闷，忍不住站起来，丢下笔说："大丈夫应该像傅介子、张骞那样，在战场上立下功劳，怎么可以在这种抄抄写写的小事中浪费生命呢！"

傅介子和张骞两个人，生在西汉，曾经出使西域，替西汉立下无数功劳。因此，班超决定学习他们，为国家奉献自己。后来，他当上军官，在对匈奴的战争中取得胜利。接着，他建议和西域各国来往，以便共同对付匈奴。朝廷采取了他的建议，就派他带着数十人出使西域。在西域的三十多年中，他靠着智慧和胆量，度过各式各样的危机。

班超一生总共到过五十多个国家，与这些国家保持和平，也同时宣扬了汉朝的国威。

4. 诗词成语

古典诗词是汉语成语的重要渊薮。古典诗词造就了成语，成语烘托了古典诗词，二者相得益彰，堪称绝配。古典诗词成语内容独特，风格鲜明，意义隽永，生成方式也别具一格，具有知名度大、表现力强、覆盖面广、使用率高等特质，历来是汉语成语中最富活力的一个板块。

（1）内容特色

诗词是人们用来表现生活、抒发情感的文学体裁，必须承载相应的思想内容和文化内涵。受自身容量以及呈现方式的影响，古典诗词在反映外部世界和内心世界时不可能面面俱到，必须有所取舍、有所侧重。受古典诗词表现内容的制约，诗词成语呈现的方式大体如下：

①状物。

托物言志、咏物抒怀是古典诗词的基本表现手法，因而描绘各种山川风物、人文景观是诗词的主要内容之一。古典诗词成语对之多有反映，诸如"明日黄花""大江东去""莺歌燕舞""晓风残月"等。

②抒情。

离情与别绪、怀古与伤今、思乡与怀远也是古典诗词永恒的主题之一。类似的诗词成语比比皆是，如"悲欢离合""春风得意""未老先衰""柔情似水"等。

③言志。

诗言志，歌咏怀。诗歌是人们用来表达自己的志向和意愿的一个终端。无论是寓志于形还是托物言志，"志"都是诗歌要表达的核心内容。古典诗词成语中，相关的例子甚多，如"再接再厉""一片冰心""襟怀坦白""耳根清净"等。

④叙事。

诗歌有时也离不开叙事。叙事诗是古典诗歌体裁中的一种，旨在通过写人叙事来抒发情感。当然，与小说戏剧相比，诗歌的叙事较为简单。古典诗词中的叙事成语相对偏少，如"为人作嫁""无病呻吟""雾里看花""机关算尽"等。

（2）成语来源

在古典诗歌的苑林中，《诗经》、《楚辞》、乐府诗、唐诗、宋词、元曲成为成语来源中最为亮丽的风景线，一直为后人传诵。现把部分成语来源列举如下：

①《诗经》。

鹊巢鸠占，源自《诗经·召南·鹊巢》："维鹊有巢，维鸠居之。"斑鸠不会做窠，常强占喜鹊的窠。本指女子出嫁，定居于夫家。今比喻强占别人的地方或位置。

高高在上，源自《诗经·周颂·敬之》："无曰高高在上，陟降厥士，日监在兹。"原指地位高，今指领导者不深入实际，脱离群众。

不稂不莠，源自《诗经·小雅·大田》："既方既皂，既坚既好，不稂不莠。"本指禾苗中无野草。今比喻人不成才，没有出息。

小心翼翼，源自《诗经·大雅·大明》："维此文王，小心翼翼。"翼翼，严肃谨慎。小心翼翼本是严肃恭敬的意思。今形容恭敬小心，一点不敢疏忽懈怠。

逃之夭夭，源自《诗经·周南·桃夭》："桃之夭夭，灼灼其华。"形容桃花茂盛艳丽。改为"逃之夭夭"后，则表示逃跑得无影无踪，是诙谐的说法。

不愧屋漏，源自《诗经·大雅·抑》："相在尔室，尚不愧于屋漏。"原意是虽在宗庙里，但无愧畏之心。今比喻即使在暗中也不做坏事，不起坏念头。

白驹空谷，源自《诗经·小雅·白驹》："皎皎白驹，在彼空谷。"白驹：白色的骏马，比喻贤能的人。比喻贤能的人在野而不出仕。今也比喻贤能的人出仕而谷空。

天高地厚，源自《诗经·小雅·正月》："谓天盖高，不敢不局；谓地盖厚，不敢不蹐。"原形容天地的广大，后形容恩情深厚。今比喻事情艰巨、复杂，关系重大。

和如琴瑟，源自《诗经·小雅·常棣》："妻子好合，如鼓瑟琴。"比喻夫妻相亲相爱。

进退维谷，源自《诗经·大雅·桑柔》："人亦有言，进退维谷。"无论是前进还是后退，都处于困难的境地。形容进退两难。

兢兢业业，源自《诗经·大雅·云汉》："兢兢业业，如霆如雷。"形容做事谨慎、勤恳。

急人之难，源自《诗经·小雅·常棣》："脊令在原，兄弟急难。"表示热心主动帮助别人解决困难。

巧言如簧，源自《诗经·小雅·巧言》："巧言如簧，颜之厚矣。"形容花言巧语，能说会道。

如日方升，源自《诗经·小雅·天保》："如月之恒，如日之升。"像太阳刚刚升起来一样。比喻光明的前程刚刚开始。

哀鸿遍野，源自《诗经·小雅·鸿雁》："鸿雁于飞，哀鸣嗷嗷。""哀鸿"指哀鸣的鸿雁，比喻啼饥号寒的灾民。该成语比喻在天灾人祸中，到处都是流离失所、呻吟呼号的饥民。

跋胡疐尾，源自《诗经·豳风·狼跋》："狼跋其胡，载疐其尾。"指狼向前进就会踩着自己的颈肉，向后退就会被自己的尾巴绊倒。比喻进退两难。

一日三秋，源自《诗经·王风·采葛》："彼采葛兮，一日不见，如三月兮！彼采萧兮，一日不见，如三秋兮！彼采艾兮，一日不见，如三岁兮！"三秋，指三个季度。意思是一天不见面，就像过了三个季度。指分别时间虽短，却觉得很长，形容思念殷切。

涕零如雨，源自《诗经·小雅·小明》："念彼共人，涕零如雨。"眼泪像雨水一样往下淌。形容思念的感情极深。

长舌之妇，源自《诗经·大雅·瞻卬》："妇有长舌，唯厉之阶。"常用来代指多嘴多舌、喜欢说长道短、搬弄是非的女人。

还有"窈窕淑女、凤凰于飞、未雨绸缪、兄弟阋墙、高山仰止、小心翼翼、遇人不淑、天作之合、泾渭分明、衣冠楚楚、耿耿于怀、潸然泪下、丹凤朝阳、同仇敌忾、参差不齐、耳提面命、爱莫能助、投桃报李、战战兢兢、今夕何夕、他山之石、人言可畏、竹苞松茂、辗转反侧、信誓旦旦、忧心忡忡、手舞足蹈、硕大无朋、孔武有力"等成语都出自《诗经》。

②《楚辞》。

短兵相接，源自《楚辞·九歌·国殇》："操吴戈兮被犀甲，车错毂兮短兵接。"形容敌我相近，战斗激烈。也比喻针锋相对地斗争。

争先士卒，源自《楚辞·九歌·国殇》："旌蔽日兮敌若云，矢交坠兮士争先。"指士兵作战勇敢，争着向前。

美人迟暮，源自《楚辞·离骚》："惟草木之零落兮，恐美人之迟暮。"原意是有作为的人也将逐渐衰老。比喻因日趋衰落而感到悲伤怨恨。

颠倒黑白，源自《楚辞·九章·怀沙》："变白以为黑兮，倒上以为下。"把黑的说成白的，白的说成黑的。比喻歪曲事实，混淆是非。

一概而论，源自《楚辞·九章·怀沙》："同糅玉石兮，一概而相量。"多形容不分性质、不加区别地处理事情或问题。

千里之驹，源自《楚辞·卜居》："宁昂昂若千里之驹乎，将泛泛若水之凫。"比喻英俊的少年。

还有"斑驳陆离、贝阙珠宫、尺短寸长、春兰秋菊、遁世绝俗、何去何从、狐死首丘、怀瑾握瑜、黄钟毁弃、吉日良辰、竭忠尽智、九死不悔、举世混浊、溘然长逝、瓦釜雷鸣、心烦意乱、乐不可言、深不可测、弹冠振衣、上下求索、刓方为圆、颜色憔悴、阴阳易位、郁郁寡欢、瞻前顾后、吹气如兰、流金铄石、怦然心动、曲高和寡、下里巴人、阳春白雪、引商刻羽"等成语都出自《楚辞》。

③汉魏六朝诗歌。

洞房花烛，源自《和咏舞》："洞房花烛明，燕余双舞轻。"形容结婚的景象。现多指新婚。

对酒当歌，源自《短歌行》："对酒当歌，人生几何？"比喻人生时间有限，应该有所作为。后也用来指及时行乐。

顾影自怜，源自《赴洛道中作》："伫立望故乡，顾影凄自怜。"比喻回头看看自己的影子，怜惜起自己来。形容孤独失意的样子，也指自我欣赏。

黯然销魂，源自《别赋》："黯然销魂者，惟别而已矣。"比喻心神沮丧得像丢了魂似的。多用于描写别离时极度愁苦或悲伤的凄然之情。

良辰美景，源自《拟魏太子邺中集诗序》："天下良辰、美景、赏心、乐事，四者难并。"比喻美好的时刻和宜人的景色。

还有"藏龙卧虎、乘车戴笠、明眸皓齿、风流云散、鹤发鸡皮、劳燕分飞、龙盘虎踞、幕天席地、曲尽其妙、翩若惊鸿、日薄西山、天各一方、推波助澜、五光十色、舞衫歌扇、狭路相逢、小家碧玉、欣欣向荣、秀色可餐、仪态万方、抑扬顿挫、月明星稀"等成语都来源于汉魏六朝时期的诗歌。

④唐诗（以李白、杜甫、白居易诗作为例）。

李白诗作：

事往日迁，源自《雪谗诗赠友人》："感悟遂晚，事往日迁。"指事情和时光都已过去。

卓绝千古，源自《溧阳濑水贞义女碑铭》："卓绝千古，声凌浮云。"比喻超过以往的一切人。

两小无猜，源自《长干行》："同居长干里，两小无嫌猜。"释义男女小的时候在一起玩耍，天真烂漫，没有猜疑。

地崩山摧，源自《蜀道难》："地崩山摧壮士死，然后天梯石栈相钩连。"释义土地崩裂，山岭倒塌。多形容巨大变故。

抽刀断水，源自《宣州谢朓楼饯别校书叔云》："抽刀断水水更流，举杯消愁愁更愁。"释义抽出刀来要斩断流水。比喻无济于事，反会加速事态的发展。

摧眉折腰，源自《梦游天姥吟留别》："安能摧眉折腰事权贵，使我不得开心颜。"指低眉弯腰。形容没有骨气，巴结奉承。

飞流直下，源自《望庐山瀑布》："飞流直下三千尺，疑是银河落九天。"形容瀑布或河水垂直泻下的壮观景象。

扬眉吐气，源自《与韩荆州书》："何惜阶前盈尺之地，不使白扬眉吐气，激昂青云耶？"形容摆脱了长期受压状态后高兴痛快的样子。

钟鼓馔玉，源自《将进酒》："钟鼓馔玉不足贵，但愿长醉不复醒。"指鸣钟

鼓，食珍馐。形容富贵豪华的生活。

笔走龙蛇，源自《草书歌行》："时时只见龙蛇走，左盘右蹙如惊电。"指笔一挥动就呈现出龙蛇舞动的神态。形容书法生动而有气势、风格洒脱，也指书法速度很快，笔势雄健活泼。

九天揽月，源自《宣州谢朓楼饯别校书叔云》："俱怀逸兴壮思飞，欲上青天揽明月。"指到天的最高处去摘月。常形容壮志豪情。

一泻千里，源自《赠从弟宣州长史昭》："长川豁中流，千里泻吴会。"形容江河奔流直下，流得又快又远。也形容文笔气势奔放。

弹剑作歌，源自《行路难·其二》："弹剑作歌奏苦声，曳裾王门不称情。"比喻怀才不遇。

还有"刻骨铭心、清风朗月、清新俊逸、杀人如麻、桃花流水、天伦之乐、仙风道骨、扬眉吐气"等成语都是源于李白的诗作。

杜甫诗作：

惨淡经营，源自《丹青引赠曹将军霸》："诏谓将军拂绢素，意匠惨淡经营中。"意为费尽心思辛辛苦苦地经营筹划，后指在困难的境况中艰苦地从事某种事业。

发人深省，源自《游龙门奉先寺》："欲觉闻晨钟，令人发深省。"意为启发人深刻思考，有所醒悟。

风吹雨打，源自《三绝句》："不如醉里风吹尽，可忍醒时雨打稀。"比喻遭受摧残、迫害或磨难。

古稀之年，源自《曲江二首》："酒债寻常行处有，人生七十古来稀。"指人活到七十岁。

家书抵万金，源自《春望》："烽火连三月，家书抵万金。"常用来形容异乡游子对亲友的思念，或收到家书时的欢欣喜悦。

倾盆大雨，源自《白帝》："白帝城中云出门，白帝城下雨翻盆。"形容雨下得又大又猛。

望眼欲穿，源自《寄岳州贾司马六丈、巴州严八使君两阁老五十韵》："旧好肠堪断，新愁眼欲穿。"形容盼望、想念的迫切。

还有"哀丝豪竹、白云苍狗、别开生面、冰雪聪明、并蒂芙蓉、不废江河、春树暮云、衮衮诸公、擒贼擒王、蜻蜓点水、日暮途穷、弱不禁风、雾里看花、寻花问柳、英姿飒爽"等成语也是源于杜甫诗作。

白居易诗作：

百身莫赎，源自《祭崔相公文》："丘园未归，馆舍先捐。百身莫赎，一梦不还。"指拿一百个我，也无法把你换回来了。表示极沉痛地悼念。

碧落黄泉，源自《长恨歌》："上穷碧落下黄泉，两处茫茫皆不见。"泛指宇宙的各个角落。

嘲风咏月，源自《与元九书》："陵夷至于梁、陈间，率不过嘲风雪、弄花草而已。"指描写风云月露等景象而思想内容贫乏的写作。

荡然无存，源自《议碑碣词赋》："著诚去伪；小疵小弊；荡然无遗矣。"形容东西完全失去，一点没有留下。

雕章镂句，源自《策林四·议文章碑碣词赋》："今褒贬之文无核实，则惩劝之道缺矣；美刺之诗不稽政，则补察之义废矣。虽雕章镂句，将焉用之。"指文章的词句刻意修饰。

海角天涯，源自《浔阳春·春生》："春生何处暗周游，海角天涯遍始休。"形容极远的地方，或彼此相隔极远，或事物的尽头。

还有"急中生智、惊天动地、梨花带雨、扪心无愧、千呼万唤、未老先衰、逍遥自在、虚无缥缈、一事无成"等成语都源自白居易的诗作。

⑤宋词（以苏轼、辛弃疾、柳永词作为例）

苏轼词作：

龙蛇飞动，源自《西江月·平山堂》："十年不见老仙翁，壁上龙蛇飞动。"形容书法气势奔放，笔力劲健。

风流人物，源自《念奴娇·赤壁怀古》："大江东去，浪淘尽，千古风流人物。"指对一个时代有很大影响的人物。有时也指举止潇洒或惯于调情的人。

淡妆浓抹，源自《饮湖上初晴后雨》："欲把西湖比西子，淡妆浓抹总相宜。"指淡雅和浓艳两种不同的妆饰打扮。

琼楼玉宇，源自《水调歌头·明月几时有》："我欲乘风归去，又恐琼楼玉宇，高处不胜寒。"指仙界楼台或月中宫殿。也形容瑰丽堂皇的建筑物。

悲欢离合，源自《水调歌头·明月几时有》："人有悲欢离合，月有阴晴圆缺，此事古难全。"泛指生活中经历的各种境遇和由此产生的各种心情。

余音袅袅，源自《前赤壁赋》："其声呜呜然，如怨如慕，如泣如诉；余音袅袅，不绝如缕。"形容音乐悦耳动听，令人沉醉。

环肥燕瘦，源自《孙莘老求墨妙亭诗》："杜陵评书贵瘦硬，此论未公吾不凭；短长肥瘦各有志，玉环飞燕谁敢憎。"环，指唐玄宗贵妃杨玉环；燕，指汉成帝皇后赵飞燕。形容女子体态不同而各有其风韵。也比喻艺术作品风格、流派各具特点，各擅其美。

一刻千金，源自《春夜》："春宵一刻值千金，花有清香月有阴。"形容时间非常宝贵。

巧取豪夺，源自《次韵米黻二王书跋尾》："怪君何处得此本，上有桓玄寒具油。巧偷豪夺古来有，一笑谁似痴虎头。"旧时形容达官富豪谋取他人财物的手段。现指用各种方法谋取财物。

万人空巷，源自《八月十七复登望海楼》："赖有明朝看潮在，万人空巷斗新妆。"指家家户户的人都从巷里出来了。多形容庆祝、欢迎等盛况。

大江东去，源自《赤壁怀古》："大江东去，浪淘尽，千古风流人物。"指长江的水往东奔流而去。后借用为词牌名。多表示陈迹消逝，历史向前发展。

蝇头微利，源自《满庭芳》："蜗角虚名，蝇头微利，算来著甚干忙。"指如同苍蝇头那样的小利。比喻非常微小的利润。

辛弃疾词作：

暗香疏影，源自《和傅岩叟梅花》："月澹黄昏欲雪时，小窗犹欠岁寒枝。暗香疏影无人处，唯有西湖处士知。"原形容梅花的姿态和香味，后用作梅花的代称。

百无是处，源自《浣溪沙·漫兴作》："一似旧时春意思，百无是处老形骸，也曾头上带花来。"形容全都是错的，没有一点对的地方。

残民害物，源自《淳熙己亥论盗贼札子》："州以趣办财赋为急，县有残民害物之罪，而吏不敢问。"意为摧残百姓，损害财物。

孤注一掷，源自《九议》："于是乎'为国生事'之说起焉，'孤注一掷'之喻出焉。"指把所有的钱一次押上去决一输赢。比喻倾尽全力冒险行事以求侥幸成功。

会少离多，源自《蝶恋花·送祐之弟》："会少离多看两鬓，万缕千丝，何况新来病。"感慨人生聚散无常或别离之苦。

光复旧物，源自《美芹十论》："臣愿陛下姑以光复旧物而自期。"指收复曾被敌人侵占的祖国山河。

海誓山盟，源自《南乡子·赠妓》："别泪没些些，海誓山盟总是赊。"指男女相爱时立下的誓言，爱情要像山和海一样永恒不变。

还有"佳人薄命、眉来眼去、千丝万缕、谈笑风生、无病呻吟、舞榭歌台、小巧玲珑、野草闲花、指日可下"等成语都来源于辛弃疾的词作。

柳永词作：

惨绿愁红，源自《定风波》："自春来，惨绿愁红，芳心是事可可。"指经过风雨摧残的残花败叶。

文期酒会，源自《玉蝴蝶》："难忘，文期酒会，几孤风月，屡变星霜。"指定期举行的诗酒集会。

朝思暮想，源自《大石调·倾杯乐》："朝思暮想，自家空恁添情瘦。"指早晚都想念。形容非常想念或经常想着某一件事。

⑥元曲。

鞍马劳顿，源自杨显之《潇湘雨》第四折："兴儿，我一路上鞍马劳顿，我权且歇息。"指骑马赶路过久，劳累疲困。形容旅途劳累。

八面威风，源自郑德辉《三战吕布》第三折："托赖着真天子百灵咸助，大将军八面威风。"指各个方面都很威风。形容神气足，声势盛。

不由分说，源自武汉臣《生金阁》第三折："怎么不由分说，便将我飞拳走踢只是打？"指不容人分辩解释。

残花败柳，源自白朴《墙头马上》第三折："休把似残花败柳冤仇结，我与你生男长女填还彻，指望生则同衾，死则共穴。"指凋残的柳树，残败了的花。旧时用以比喻生活放荡或被蹂躏遗弃的女子。

　　大吹大擂，源自王实甫《丽春堂》第四折：“赐你黄金千两，香酒百瓶，就在丽春堂大吹大擂，做一个庆喜的筵席。”指许多乐器同时吹打。比喻大肆宣扬。

　　鬼使神差，源自关汉卿《蝴蝶梦》第四折：“也不是提鱼穿柳欢心大，也不是鬼使神差。”指好像有鬼神在支使着一样，不自觉地做了原先没想到要做的事。

　　还有“安营扎寨、独占鳌头、狐群狗党、虎头蛇尾、欢天喜地、济困扶危、将计就计、金蝉脱壳、里应外合、两面三刀、灵丹妙药、马不停蹄、眉清目秀、欺软怕硬、千刀万剐、屈打成招、人命关天、失魂落魄、死心塌地、贪官污吏、天理难容、铜墙铁壁、头疼脑热、推三阻四、洗耳恭听、信口开河、引狼入室”等成语都出自元代的散曲。

（二）歇后语

　　《辞海》《现代汉语词典》认为歇后语是“熟语”的一种。歇后语是由两部分组成的一句话，前一部分像谜面，后一部分像谜底，通常只说前一部分，而本意在后一部分，如“外甥打灯笼——照舅（旧）”。也可以前后并列，如“芝麻开花——节节高”。

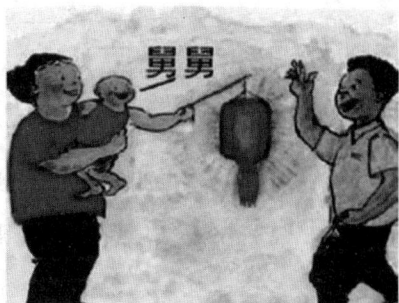

1. 歇后语的语用效果

　　在具体语境中，说话者使用歇后语和不使用歇后语所产生的语言效果是截然不同的，歇后语总是能让平凡的言语交际变得生动形象，风趣幽默，而这种语用效果会时刻影响交际的气氛，具体的影响体现在以下几个方面。

（1）避免尴尬，使言语交流顺利进行

　　歇后语幽默的语用效果在普通的言语交际中会使交流的气氛轻松而愉快，而在一些比较特殊的语境下，这种影响会更加明显。

　　列举一：

　　“肖老师，慢写慢写，我是小和尚念经——有口无心，说错了莫见怪，我去开会就是了。”（《南国烽烟》）

由于说话的人口无遮拦，不是故意讲错话，场面已经很尴尬了，若是他直接向老师道歉，自己面子上也会过意不去，但是又不得不说，所以他用"小和尚念经——有口无心"这样一句歇后语，既间接地表达了歉意，调侃了自己的过失，同时也避免直接认错的尴尬，保全了面子，而且也消除了自己无意导致的尴尬气氛，使得对话可以继续轻松地进行。

（2）加强语气，强化情感

语言是人们用来交流情感，表达思想的最重要的交际工具。歇后语的幽默语用效果在一些特殊的交际语境下可以加强语气，强化情感，对于贬义的表达会是诙谐中带有讽刺，而对于褒义的表达会更加地风趣夸张。

列举二：

他气势汹汹地对老袁说道："你就是太胆小，一个流氓，有什么可怕的？说到底，他就是披着虎皮的驴子——外强中干。"（《百炼成钢》）

洪大榕笑道："我真是太高兴了！如今我们的日子真好比甘蔗加蜜糖——甜上加甜啊！"（《霞岛》）

例子中说话人运用歇后语"披着虎皮的驴子——外强中干"来表达他内心的情感态度，将一个流氓比喻成一匹披着老虎皮的驴子，强调说话者心中的不屑。洪大榕通过歇后语"甘蔗加蜜糖——甜上加甜"，把内心的甜蜜比喻为甘蔗和蜜糖，强调了他的欣喜之情。

（3）化解隔阂，维护形象

在日常的人际交往中，幽默已成为社交的重要方式与手段，它可以瞬间化解陌生人之间的隔阂，密切人际间的关系，活跃交往的气氛，同时在一些相对冲突的交际中，可以利用幽默的语言维护自身的形象与尊严。

列举三：

20世纪90年代初，我国一名出色的医生应邀到欧洲出席一个国际性的会议，在出席会议的第一天，我国医生便发现会场内悬挂了出席这次会议的每一个国家的国旗，但唯独没有中国的国旗，他严肃地与主办方交涉，终于会议主办方在会议间歇举行了庄严的五星红旗升旗仪式。在之后大会发言中，我国医生对这一事件幽默地调侃道："中国有句歇后语叫'老鼠拉木锨——大头在后边'，意思是越是重要的东西，越放在最后。"

他的幽默与机智既维护了自己国家的尊严，同时也化解了与主办方之间的隔阂，活跃了现场的气氛。

2. 歇后语与汉文化

歇后语是中国汉文化的典型体现。歇后语是中国广大人民群众在生产、生活实践中创作出来的，所以它反映了中国汉民族社会生产、生活的习俗，保留着民俗文化的痕迹。歇后语反映的汉文化范围广、涉及面宽。

（1）歇后语与饮食文化

饮食是人们生活中最基本的要素。我们可以从歇后语中找到许多与饮食文化有关的内容。

①菜肴的制作方法。

从歇后语中，我们可以欣赏到烧、拌、煮、炒等各种中国料理的制作方法。

咸菜拌豆腐——有言（盐）在先

荞麦面擀饼——不沾板

卤水点豆腐——一物降一物

煮熟的鸭子——嘴壳硬

油炸麻花——干脆

②炊具的特点。

从歇后语中，我们可以欣赏到对炊具形象生动的表述。

擀面杖吹火——一窍不通

淘米筛子做锅盖——气儿不少

铜鼎锅碰着铁刷子——硬碰硬

花生放在热锅里——大炒（吵）起来

灶上的炒勺——尝尽了酸甜苦辣

（2）歇后语与服饰文化

中国绚丽多彩的服饰文化有着悠久的历史，从歇后语中，我们可以领略到富有中国民族特色的中国服装的魅力。

染纺的姑娘穿白鞋——一丝不染

穿大衫戴礼帽——一（衣）貌（帽）堂堂

戴斗笠穿西装——土洋结合

老奶奶的髻——输（梳）定了

仙女的裙子——拖拖拉拉

3. 歇后语与节日习俗

汉民族一年中有许多节日，而每个节日又都有很多习俗，所以跟节日有关的歇后语也格外多。

大年三十吃饺子——没外人

正月初一拜年——净拣好话讲

正月十五打牙祭——一年一回

清明节的竹笋子——节节高

牛郎织女——喜相逢

五月龙舟逆水去——人人使劲

五月初四包粽子——扎扎实实

八月十五桂花香——花好月圆

4. 歇后语与婚丧嫁娶

说到中国的红白喜事那是讲究多多，其中不乏表述形象生动的歇后语。

拜堂的夫妻——谢天谢地

唱戏娶媳妇——空欢喜一场

打发闺女娶媳妇——两头忙

大姑娘上轿——头一回

梦里娶媳妇——高兴一时是一时

男大当娶，女大当婚——由不得人

出殡遇上娶媳妇——有哭有笑

（三）谚语

谚语是指在民间流传的比较通俗的，大多是反映生产和生活经验，有深刻寓意的语句。谚语类似成语，但口语性强，通俗易懂，而且一般都表达一个完整的意思，形式上差不多都是一两个短句。谚语生动地反映出民俗的内容，如"三亩好地一头牛，老婆孩子热炕头""钱官司，纸道场""好饭不过高粱酒"等，或直道民俗事项，或寄寓民俗心理，或旁嵌民俗语词，广泛地囊括了社会生活的各个侧面。

在内容上，谚语可分为三大类：一是认识自然和总结生产经验的谚语，如"长虫过道，大雨要到""东北有三宝：人参、貂皮、乌拉草"；二是认识社会和总结社会活动经验的谚语，如"人敬富的，狗咬破的""放虎归山，必有后患"；三是总结一般生活经验的谚语，如"早晨起得早，八十不觉老""吃不穷，喝不穷，算计不到才受穷"。

（四）灯谜

灯谜是谜语的一种，因写在彩灯上而得名。灯谜又称为灯虎，所以猜灯谜也称为"猜灯虎"。谜语最早出现在春秋战国时期，是一种口头创作，又称为"隐语"或"瘦辞"。发展到秦汉时期，民间口头谜语发展成一种书面创作。到了三国时期，猜谜已经开始盛行了。至于灯谜，则出现于宋代，人们将谜条系于五彩花灯上，供人猜射。渐渐地，猜灯谜就成了一种习俗，是元宵节不可或缺的一项娱乐活动。

猜灯谜是一种雅俗共赏的益智活动，内容也十分丰富，上至天文，下至地理，都成为灯谜取材的范围，或引经据典，或插科打诨，让不同文化层次的人们都能得到乐趣。直到现在，猜灯谜活动还在民间广泛流传着。

为大家熟知的灯谜有：

（1）正看八十八，倒看八十八；左看八十八，右看八十八；仔细一端详，好像一朵花。——打一字（谜底：米）

（2）紫红外衣颜色美，又龇牙来又咧嘴，肚里珍珠数不清，一颗珍珠一包水。——打一水果（谜底：石榴）

（3）曹孟德煮酒论英雄。——打四字俗语（谜底：备受赞赏）

（4）盲人摸象。——打一成语（谜底：不识大体）

（5）弟兄七八个，围着柱子坐，一旦要分家，衣服全扯破。——打一食物（谜底：蒜头）

（6）小小诸葛亮，独坐中军帐，摆起八卦阵，要捉飞来将。——打一昆虫（谜底：蜘蛛）

（五）对联

对联俗称对子，又称联语、联句、楹帖、楹联。楹者，柱也。因常把对联题写于楹柱，故有"楹联"之称。上下联字数、句式、内容、韵律对偶，是对联的基本特征。早在两千多年前，我国古诗文中已有对偶的运用。如《左传》"言之无文，行之不远"、《诗经·郑风·子衿》"青青子衿，悠悠我心"、《诗经·小雅·采薇》"昔我往矣，杨柳依依；今我来思，雨雪霏霏"、《尚书·大禹谟》"满招损，谦受益"、《楚辞·河伯》"鱼鳞屋兮龙堂，紫贝阙兮珠宫"、《楚辞·离骚》"朝饮木兰之坠露兮，夕餐秋菊之落英"。汉赋和魏晋"骈体文"中，更是大量运用对偶和排比，正如唐代刘知几《史通·叙事》所说："大抵编字不只，捶句皆双，修短取均，奇偶相配。"对偶这种修辞技巧的日臻成熟和完善，无疑促进了汉语语言文学艺术的丰富和发展，同时也孕育了对联这种艺术形式。对联按用途可分为春联、婚联、寿联、挽联。

1. 春联

春联古称"对子""春帖"。从后蜀主孟昶"题桃符"，到明太祖"设春联"普遍推广，春节贴春联的习俗一直延续至今。

春联的内容主要表达人们辞旧迎新的祝福。由于人们的社会地位、思想素养、职业范围和时代特点的不同，他们所用的春联各具特点。歌功颂德的，如"帝德乾坤大，皇恩雨露深"；宣扬积德的，如"向阳门第春常在，积善人家庆有余"；盼望成就功名、书香有续的，如"效祖宗执笔，名垂青史；愿儿孙读书，身显庙堂"。而更多的人则希望得到幸福吉祥，如"天增岁月人增寿，春满乾坤福满门"。新时代的春联，则表现人们当家做主、指点江山、充满信心的乐观情怀，如"万里春风梳碧柳，几番时雨润红花""国泰邦兴民乐业，风和日丽燕衔春"等。

2. 婚联

婚联又称喜联，是婚嫁时专用的对联，通常是在嫁娶之日贴在大门、洞房门、厅堂及洞房里妆台两旁。

婚联的内容大多是表现喜气盈门的情景和对新婚夫妇的热情赞美及良好祝愿，带有浓烈的吉祥、喜庆色彩。婚联在撰写手法上，多用美好的事物作比喻和象征，如鸳鸯、鸾凤、并蒂莲、连理枝、比翼鸟、比目鱼等，从而使新人与美物相映衬，营造美好、欢快、热烈的氛围。如"并蒂红花双吐艳，同心伴侣共争荣""长天欢翔比翼鸟，大地喜结连理枝""花烛交心同励志，白头到老共图强""交杯勿坠青云志，蜜月应存创业心"等都强调了男女双方志同道合、共同创业，具有时代精神。

3. 寿联

寿联是庆贺寿辰时所用，是一种交际性的对联。其内容多数是称赞过寿者的功业才能、道德文章，评价其事迹贡献，祝愿福寿康宁、快乐幸福。其感情色彩庄重而热烈。

在修辞艺术上文重典雅，多以高山、流水、青松、翠柏、神龟、仙鹤、椿、萱等作比喻，寄寓延年益寿之意。

寿联的撰写根据过寿者的性别、年龄、身份、地位、经历、德行、事迹等特点行文，使之贴切，各具特色。

寿联可分为通用寿联、专用寿联、名人寿联、夫妻双寿联、自寿联等，如"福如东海长流水，寿比南山不老松"（通用寿联）、"天上星辰应作伴，人间松柏不知年"（通用寿联）、"人生不满君今满，世上难逢我竟逢"（百岁寿联）、"去日虽多来日好，病夫深感大夫良"（医师六十寿联）、"言论文章，放之四海皆准；功勋伟业，长与日月同光"（徐悲鸿贺毛泽东六十寿联）、"共享鹤龄有莱子，七旬舞彩；擎来鸿案看老人，百岁齐眉”（百岁双寿联）、“遗世慕庄周，睡去能为蝴蝶梦；学诗类高适，老来始作凤凰鸣”（吴步韩自寿联）、“万寿无疆，普天同庆；三军败绩，割地求和”（嘲慈禧祝寿联）。

4. 挽联

挽联是哀悼死者，治丧祭祀时专用，故也有叫作“丧联”的（主要在民间）。挽联最突出的特点是“情动于中而形于言”，其内容之充实、感情之深沉、文辞之恳切、诗韵之浓郁，都在其他类型的对联之上。挽联多用哀悼和颂扬的文字以表现悲恸的意境。如“千古”“长存”“仙逝”“招魂”“不朽”“永决”“挥泪”“含悲”“涕泪”等。

挽联可分一般挽联、名人挽联、自挽联等类。一般挽联指社会上的通用挽联和在特定对象范围内的通用挽联，如“音容宛在，浩气长存”“落花春已去，残月夜难圆”“桃花流水杳然去，明月清风何处游”“风凄暝色愁杨柳，月吊宵声哭杜鹃”“淑德标彤史，芳踪依白云”（挽女）、“屋内女儿嗟父逝，门前吊客履霜来”（挽父）、“碧水青山谁作主，落花啼鸟总伤情”（挽夫）。名人挽联多是名人挽名人，联风独铸，情发肺腑，声成绝唱，如“三十年戎幕同胞，六载别离成永诀；五千里云天在望，一腔热血为招魂”（叶剑英挽叶挺）。自挽联是人在死之前为自己撰写的挽联，为自己一生作个自我总结和评价或对死后某些事作出交代，如“浮沉宦海如鸥鸟，生死书丛似蠹鱼”（清代纪昀自挽联）。

一、中华书画概述

中华文化源远流长、博大精深，在世界东方绽放出属于自己的光芒。而中华文化的重要代表——书法、绘画在几千年的传承中，展现出了自己独特的魅力，成为中华历史上一道亮丽的风景线。

中华书法是汉字的书写艺术。汉字在漫长的演变发展中，不但起着思想交流、文化传承的重要作用，同时它本身也形成了独特的造型艺术。可以说，中华书法不仅是中华民族的文化瑰宝，更是世界文化艺术宝库中独放异彩的一朵奇葩。

中华绘画经过数千年不断丰富、革新和发展，形成了鲜明的民族风格，创造出丰富多彩的表现手法，在东方乃至世界艺术中都具有重要的地位和影响。

二、中华书画列举

（一）中华书法列举

从甲骨文、石鼓文、金文（钟鼎文）演变成大篆、小篆、隶书，至定型于东汉、魏、晋的草书、楷书、行书等，书法一直散发着艺术的魅力。中华书法是一种很独特的视觉艺术，汉字是中华书法中的重要因素。以汉字为依托，是中华书法区别于其他种类书法的主要标志。

1. 甲骨文

甲骨文发现于 1899 年（光绪二十五年），是殷商时期刻写在龟骨、兽骨、人骨上记载占卜、祭祀等活动的文字。

甲骨文具有对称、稳定的格局，已具备书法的三个要素，即用笔、结字及章法。从字体的数量和结构方式来看，甲骨文已经发展为较严密系统的文字了。汉字的"六书"原则，在甲骨文中都有所体现。严格地讲，只有到了甲骨文，才称得上是书法。其中《祭祀狩猎涂朱牛骨刻辞》是商代武丁时期的作品，风格豪放，字形大小错落，生动有致，各尽

其态，富有变化而又自然潇洒，是甲骨文书法中的杰作。

2. 金文

金文是铸刻在青铜器的钟或鼎上的一种文字。金文起于商代，盛行于周代，商周是青铜器的时代，青铜器的礼器以鼎为代表，乐器以钟为代表，因铸刻于钟鼎之上，有时也称为钟鼎文。金文是在甲骨文的基础上发展起来的文字。据统计，金文约有3000字，其中可知的（能辨识其义）有2420字，较甲骨文略多。金文上承甲骨文，下启秦代小篆，流传书迹多刻于钟鼎之上，所以大体较甲骨文更能保存书写原迹，具有古朴之风格。金文在笔法、结字、章法上都为书法的进一步发展作出了贡献。

3. 小篆

小篆是在秦始皇统一中国后（公元前221年），推行"书同文，车同轨"政策，取消其他六国文字，由丞相李斯负责，在秦国原来使用的大篆籀文的基础上进行简化、创制的汉字书写形式。小篆一直从秦朝流行到西汉末年（约公元8年），才逐渐被隶书所取代。因其字体优美，所以始终被书法家所青睐。又因其笔画复杂，形式奇古，而且可以随意添加曲折，在印章刻制上，尤其是需要防伪的官方印章，一直采用，直到近代新防伪技术出现。

汉字发展到小篆阶段，逐渐开始定型（轮廓、笔画、结构定型），象形意味削弱，使文字更加符号化，减少了书写和认读方面的混淆和困难，这也是我国历史上第一次运用行政手段大规模地规范文字的产物。秦王朝使用经过整理的小篆统一全国文字，不但基本上消灭了各地文字异形的现象，也使古文字体异形众多的情况有了很大的改变，在中国文字发展史上扮演着重要的角色。

4. 隶书

隶书，有秦隶、汉隶等，字形多呈宽扁状，横画长而竖画短，讲究"蚕头燕尾""一波三折"。隶书是从篆书发展而来的，是篆书的化繁为简，化圆为方，化弧为直。

隶书的结构特点大致可概括为四个方面：一是字形扁方左右分展。一反篆书纵向取势的常态，而改以横向（左右）取势，造成字形尚扁方，笔画收缩纵向笔势而强化横向分展。二是起笔蚕头收笔燕尾。这是隶书用笔上的典型特征，特别是隶字中的主笔横、捺画几乎都用此法。"起笔蚕头"，即在起笔藏（逆）锋的用笔过程中，同时将起笔过程所形成的笔画外形写成一种近似蚕头的形状。"收笔燕尾"，即在收笔处按笔后向右上方斜向挑笔出锋。三是化圆为方、化弧为直。这是隶书简化篆书的两条基本路子。不过如果不了解篆书的圆，就不易掌握好隶书的方。因为隶笔中的直画或方折，无不包藏着篆字的弧势，所以隶笔的直往往有明显的波动性，富于生命力。实际上隶书的笔意，是建立在笔画运动方式基础上的。四是变画为点、变连为断。篆字不用点，即使用点也只是一种浑圆点。而隶书中点已独立出来，不再依附于画，而且点法也日益丰富，有平点、竖点、左右点、三连点（水旁）、四连点（火旁）等。

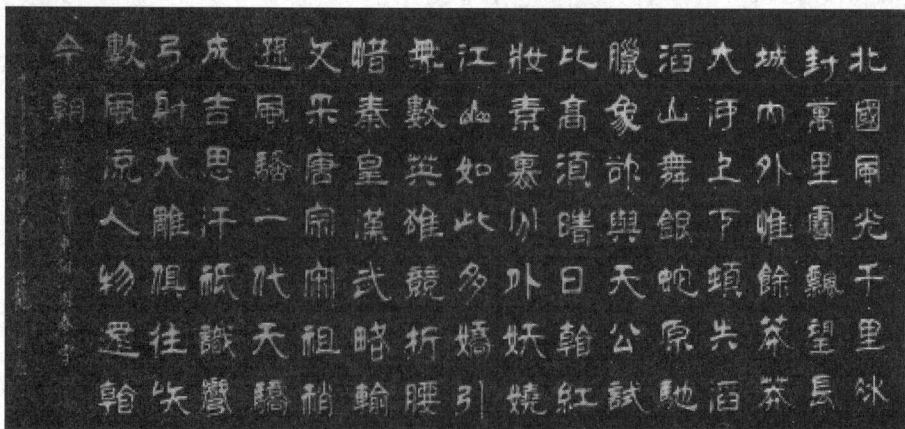

5. 草书

草书是在隶书的基础上，在汉代形成的特定字体。草书书写简便、结构简省、笔画连贯，分章草和今草，今草又分大草（也称狂草）和小草。

章草笔画省变有章法可循，代表作如三国吴皇象《急就章》的松江本；今草不拘章法，笔势流畅，代表作如晋代王羲之《初月》《得示》等帖；狂草创始于唐代，以张旭、怀素为代表，笔势狂放不羁，成为完全脱离实用的艺术创作，狂草代表作如唐代张旭《肚痛》等帖和怀素《自叙帖》都是现存的珍品。

6. 楷书

楷书也称为正楷、真书、正书、小楷，由隶书逐渐演变而来。楷书的特点在于规矩整齐，形式更趋简化，横平竖直，是字体中的楷模，所以称为楷书，一直沿用至现代。

楷体书法最为著名的四大家是唐代欧阳询（欧体）、唐代颜真卿（颜体）、唐代柳公权（柳体）、元代赵孟頫（赵体）。

7. 行书

行书是一种统称，分为行楷和行草两种。它是在楷书的基础上发展起来的，是介于楷书、草书之间的一种字体，也是为了弥补楷书的书写速度太慢和草书的难于辨认而产生的，行书实用性和艺术性皆高。

行书代表作中最著名的是东晋书法家王羲之的《兰亭序》，前人赞誉为"天下第一行书"；唐代颜真卿所书《祭侄文稿》，古人评之为"天下第二行书"；苏轼的《寒食帖》则被称为"天下第三行书"。行楷中著名的代表作品是唐代李邕的《麓山寺碑》，畅达而腴润。

世人将苏轼的《寒食帖》与东晋王羲之《兰亭序》、唐代颜真卿《祭侄文稿》合称为"天下三大行书"，它们相互媲美，各领风骚，可称得上是中国书法史上行书的三块里程碑。

书法作为我国独有的民族文化，荟萃了中华民族文化的精髓，在其发展历程中，不仅因其独特的雄浑之美使迁客骚人为之醉心，也因其秀逸之美而深受文人墨客的青睐。

【中华书法知识拓展】

1. 篆刻印章

篆刻印章主要表现的是篆刻艺术。篆刻艺术是通过书法（主要是篆书）和镌刻（包括凿、铸）的结合来制作印章的艺术，是汉字特有的艺术形式。篆刻兴起于先秦，盛于汉，衰于晋，败于唐、宋，复兴于明，中兴于清，迄今已有 3700 多年的历史。

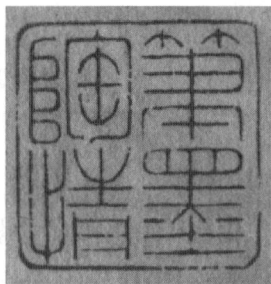

早在殷商时期，人们就用刀在龟甲上刻"字"（即现代称为甲骨文）。这些文字刀锋挺锐，笔意劲秀，具有较高的"刻字"水平。在春秋战国至秦以前，篆刻印章称为"玺"或"鈢"，玺是在玉上刻制的，鈢是在金属上刻制的。秦始皇统一六国后，规定"玺"为天子所专用，大臣以下和民间私人用印统称"印"，从此鈢就废而不用了。这就形成了帝王用印称"玺"或"宝"，官印称"印"，将军用印称"章"，私人用印称"印信"。

篆刻的"篆"字，古时写作"瑑"，从玉字旁。凡是在玉石上雕琢凹凸的花纹都叫作"瑑"。后来竹帛成为通行的书写用具，于是篆字的形符，也由"玉"改为"竹"。其实在古代凡属于雕玉、刻石、镂竹、铭铜的范围都可称为"篆刻"，印章的刻制只是其中的一小部分。到了秦始皇时，将全国书体作综合整理，书分八体，印面上的文字叫"摹印篆"，王莽定六书时，称为"缪篆"，从此便明定篆书为印章印文的使用字体。唐宋之际，由于文人墨客的喜好，虽然改变了印章的体制，但仍以篆书作印，直到明清两代，印人辈出，篆刻便成为以篆书为基础。利用雕刻方法，在印面中表现疏密、离合的艺术形态，篆刻也由广义的雕镂铭刻，转为狭义的治印之学。而此治印之学也有人直接称为"刻印""铁笔""铁书""刻图章"等。

2. 文房四宝

文房四宝是中国古代传统文化中的文书工具，即笔、墨、纸、砚。文房四宝之名，起源于南北朝时期。

（1）笔

文房四宝中的笔指的是毛笔，是古代中国独具特色的书写、绘画工具。毛笔是用兽毛扎成笔头，再粘接在管状的笔杆上制成的。一支好的毛笔应具有"尖、齐、圆、健"的特点。"尖"就是笔锋尖锐；"齐"就是修削整齐；"圆"就是笔头圆润；"健"就是毛笔弹性强，写出的字锐利矫健。我国最有名的笔是出自浙江湖州的湖笔、蜀中的川笔、河南的太仓毛笔、河北的侯店毛笔、湖南湘阴的长康毛笔以及江西的文港毛笔。

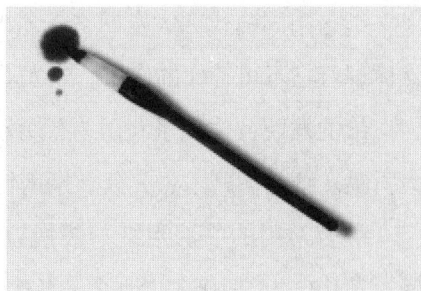

毛笔的分类主要依据尺寸、笔毛的种类、来源、形状等。按笔头原料可分为胎毛笔、狼毛笔（狼毫，即黄鼠狼毛）、兔肩紫毫笔（紫毫）、鹿毛笔、鸡毛笔、鸭毛笔、羊毛笔、猪毛笔（猪鬃笔）、鼠毛笔（鼠须笔）、虎毛笔、黄牛耳毫笔、石獾毫等，以兔毫、羊毫、狼毫为佳。依常用尺寸可以简单地把毛笔分为小楷、中楷和大楷；更大的有屏笔、联笔、斗笔、植笔等。依弹性强弱可分为软毫、硬毫、兼毫等。依用途可分为写字毛笔、书画毛笔两类。依形状可分为圆毫、尖毫等。依笔锋的长短可分为长锋、中锋和短锋。

（2）墨

墨是文房四宝之一，是用于书写、绘画的黑色颜料，后也包括朱墨和各种彩色墨。

墨的主要原料是煤烟、松烟、胶等，是碳元素以非晶质形态的存在。通过砚用水研磨可以产生用于毛笔书写的墨汁，在水中以胶体的溶液存在。墨的水分及胶的成分不同，会影响墨的黏度。在不同场合使用的墨，其黏度有所不同。另外，初制成的墨水分较多。另有存放时间较长的墨，其致密度较高，并经过长年累月的干燥，使墨色的立体感更强。

墨的选用极为讲究。它要求：一是质地坚细，所谓坚细是指质地紧实，磨出的颗粒细腻；二是色泽黑亮，以黑得泛紫光为最上乘，纯黑次之，青光又次之；三是胶质适中，太重粘笔，太轻则不浓。

（3）纸

纸是中国古代四大发明之一。即使在机制纸盛行的今天，某些传统的手工纸依然体现着它不可替代的作用，焕发着独有的光彩。

纸的发明，体现了我国古代劳动人民的聪明才智，是中华民族对人类文化的重大贡献。纸与印刷术、火药、指南针一起被称为中国古代最具影响力的四大发明。

最为常用的书法用纸一般指宣纸。唐代的"宣州"辖地，在今安徽省长江以南、黄山与九华山以北地区，及今天江苏溧水、溧阳地区，其政府行政区设在宣城。这一地区生产的纸同时又在宣城集散，故有了"宣纸"这一称呼。宣纸的润墨性和渗透性在载体介质上为书画家作品表现力提供了极大的帮助。

书画用纸的主要产地是安徽、四川、浙江等地。安徽宣纸制造历史久远，是书画家的首选用纸。安徽泾县宣纸以沙田稻草和青檀皮为原材料，利用泾县特有的山泉水，经特殊工艺配方精制而成，有"千年寿纸"的美誉。宣纸选择以吸水性较好，又与笔墨配合为原则。

（4）砚

砚也称"砚台"。砚用于研墨，盛放磨好的墨汁和揿笔。因为磨墨，所以有一块平坦的地方；因为盛墨汁，所以有一块凹陷处。砚起源很早，大概在殷商初期，笔墨砚开始初现雏形。刚开始时人们以笔直接蘸石墨写字，后来因为不方便，无法写大字，人们便想到了先在坚硬东西上研磨成汁，如石

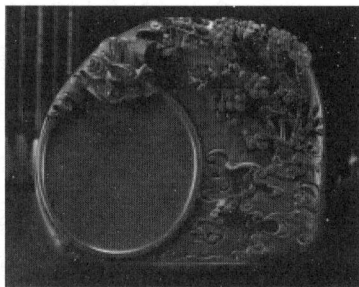

玉、砖、铜、铁等。殷商时青铜器已十分发达，且陶石随手可得，砚便随着墨的使用而逐渐成形。

砚的发展是一个从追求实用功能到追求审美情趣的过程。唐代之前，以探索开发砚的实用功能为主，其造型以简约古拙为主要特点，少有装饰。最初，人们还不能确定哪一种材料更适合制砚。随着社会的发展，各种可能的材料都有所尝试，除石砚之外，相继出现了陶砚、铜砚、漆砚、玉砚、瓷砚等。到了唐代，终于找到了最适合制砚的材料，确立了石砚的主体地位，形成了端石、歙石、红丝石和澄泥

四大系砚品，基本完善了砚的实用性。宋代之后，砚的发展逐步以追求审美情趣为主，走向了艺术化的道路。

3. 木版水印

在印刷史上，中国人的发明是多方面的。除了人们熟知的雕版印刷术、活字印刷术外，木版水印（彩色版画印刷术）同样也是中国人民对世界印刷史的一项重大贡献。

木版水印是中国传统特有的版画印刷技艺。它集绘画、雕刻和印刷为一体，根据水墨渗透原理显示笔触墨韵，既可用以创作体现自身特点的艺术作品，也可逼真地复制各类中国字画。唐代，单色木版印刷已经具有相当水平。明末以十竹斋为代表的"饾版""拱花"等套色叠印，表明技术有了更大的进步。由于这项技艺始终基于手工进行，所以中国目前把它作为非物质文化遗产予以继承和发展。

4. 汉代竹简

早期的文字刻在甲骨和钟鼎上，因材料的局限难以广泛地传播，所以直至殷商时期，掌握文字的仍只有上层社会的少数人，这极大地限制了文化和思想的传播，竹简的出现改变了这一状况。

竹简，古代用来写字的竹片，也指写了字的竹片，战国至魏晋时期的书写材料。汉代是竹简兴盛的一个重要时代。东汉时期出现了纸，但由于生产力水平的局限，纸的使用并未得到普及，而一直沿用的竹简却仍然盛行。

竹简是我国历史上使用时间最长的书籍形式，是造纸术发明之前以及纸普及之前主要的书写工具，是我们的祖先经过反复的比较和艰难的选择之后，确定的文化保存和传播媒体，这在传播媒介史上是一次重要的革命。它第一次把文字从社会最上层的小圈子里解放出来，以浩大的声势，向更宽广的社会拓展。所以，竹简对中国文化的传播起到了至关重要的作用。也正是因为它的出现，才得以形成百家争鸣的文化盛况，同时也使孔子、老子等名家名流的思想和文化流传至今。

5. 竖版线装书

线装又称古线装。线装书是古代汉族劳动人民的重要发明。中国古代的纸本书，经历了卷轴和册页两个阶段。卷轴由卷、轴、缥、带组装成。汉代、唐代只有这种卷轴形式的书。今天我们看到挂在墙上的轴画、书法，仍是卷轴装的遗风。晚唐以后，卷轴书向册页书过渡，其装订方法又有多种多样的演变，大体经历了经折装、旋风装、蝴蝶装、包背装，到了明代才正式出现了线装本的册页书。其中不少古旧线装书，可视之为文物，非常珍贵。

线装，顾名思义是用线进行装订，是用线把书页连封面装订成册，订线露在外边的装订形式。线装书有简装和精装两种形式。简装书采用纸封面，订法简单，不包角，不勒口，不裱面，不用函套或用简单的函套。精装书采用布面或用绫子、绸等织物披在纸上作封面，订法也较复杂，订口的上下切角用织物包上（称为包角），有勒口、复口（封面的三个勒口边或前口边被衬页粘住），以增加封面的挺括和牢度。最后用函套或书夹把书册包扎或包装起来。

古代线装书采用竖版的形式，蕴含丰富的文化内涵。现在通行的说法有以下几种：

①在造纸术发明以前，古人是在竹木简牍上写字的。竹木简牍都是窄长的竹木片，用绳串起来可卷成册。"册"字就是简牍的象形字，而打开卷册自然是右手执端，左手展开方便。所以，书写也就是自上而下，从右往左。古时竹简的书写，是一片片单片写好后再装订的。

②古人以右为尊，汉字书写自上而下，自右而左，也反映了古人的尊卑思想。古代，上为君，为父母；下为臣，为子女。右为大，左为小。

③根据汉字的特点和人们的书写习惯，一个字的笔顺自然是从上至下、从左到右方便，竖式书写比横式书写也更便于笔势的连贯。

（二）中国画列举

"国画"一词起源于汉代，古人认为华夏民族是居天地之中者，所以称为中国，将中国的绘画称为"中国画"，简称"国画"。国画绘画的工具和材料有毛笔、墨、国画颜料、宣纸、绢等；题材可分人物、山水、花鸟等；技法可分具象和写意。国画在内容和艺术创作上，充分体现了古人对自然、社会及与之相关联的政治、哲学、宗教、道德、文艺等方面的认知。

中国画历史悠久，远在2000多年前的战国时期就出现了画在丝织品上的绘画——帛画，这之前又有原始岩画和彩陶画。春秋战国最为著名的有《御龙图》帛画。这些早期绘画奠定了后世中国画以线为主要造型手段的基础。两汉和魏晋南北朝时期，域外文化的输入与本土文化所产生的撞击及融合，使这时的绘画形成以宗教绘画为主的局面，描绘本土历史人物、取材文学作品亦占一定比例，山水画、花鸟画亦在此时萌芽。隋唐时期社会经济、文化高度繁荣，绘画也随之呈现出全面繁荣的局面。山水画、花鸟画已发展成熟；宗教画达到了顶峰，并出现了世俗化倾向；人物画以表现贵族生活为主，并出现了具有时代特征的人物造型。五代两宋又进一步成熟和更加繁荣，人物画已转入描绘世俗生活，宗教画渐趋衰退，山水画、花鸟画跃居画坛主流。而文人画的出现及其在后世的发展，极大地丰富了中国画的创作观念和表现方法。元、明、清三代水墨山水和写意花鸟得到突出发展，文人画和风俗画成为中国画的主流。随着社会经济的逐渐稳定，文化艺术领域空前繁荣，涌现出很多热爱生活、崇尚艺术的伟大画家。

1. 山水画

以描写山川自然景色为主体的绘画称山水画，是中国画特有的画种之一。在魏、晋、南北朝就已逐渐发展，但仍附属于人物画，作为背景的居多，隋唐开始独立。五代、北宋山水画大兴。宋代山水画倾于自然，侧重"真"和"实"，提倡山水画的写实风格。多使用绢，不仅勾勒细致、刻画严谨，而且用墨对画面进行层层渲染，展现出一份凝重恬静之美。元代山水画趋向写意，以虚代实，侧重笔墨神韵，开创新风。明代及近代续有发展，董其昌及清初"四王"（王时敏、王鉴、王翚、王原祁）为山水画走向绘画理论及绘画手法的程式化完备作出了重大贡献。

中国山水画，源远流长，表现了丰富多彩的自然风光，体现了中国人的审美意识。从魏晋南北朝山水画的萌芽始，至隋唐五代日渐成熟，直至两宋形成了繁荣的景象，到元代达到了高潮，随着明清商品经济的发展，山水画走向了辉煌。

2. 写意画

写意画即用简练的笔法描绘景物。写意画多画在生宣上，纵笔挥洒，墨彩飞扬，较工笔画更能体现所描绘景物的神韵，也更能直接地抒发作者的感情。

写意画是在长期的艺术实践中逐步形成的。其中文人参与绘画，对写意画的形成和发展起到积极的作用。相传唐代王维因其诗、画俱佳，故后人称他的画为"画中有诗，诗中有画"，他"一变勾斫之法"，创造了"水墨淡，笔意清润"的破墨山水。五代徐熙先用墨色写花的枝叶蕊萼，然后略施淡彩，开创了徐体"落墨法"。之后，宋代文同兴"四君子"画风，明代林良开"院体"写意之新格，明代沈周善用浓墨浅色，陈白阳重写实的水墨淡彩，徐青藤更是奇肆狂放求生韵。经过长期的艺术实践，写意画已进入全盛时期。

写意画主张神似。大写意画是写意画中具有代表性的种类。它以草书入画，体现了中国人独特的造型观和境界观。大写意画既是高度自我的艺术，又是高度忘我的艺术。

3. 中华经典绘画列举

（1）敦煌壁画

敦煌壁画包括敦煌莫高窟、西千佛洞、安西榆林窟，共有石窟552个，有历代壁画五万多平方米，是我国乃至世界壁画最多的石窟群，内容非常丰富。

敦煌壁画是敦煌艺术的主要组成部分，规模巨大，技艺精湛。它和别的宗教艺术一样，是描写神的形象、神的活动、神与神的关系、神与人的关系，以寄托人们善良的愿望，安抚人们心灵的艺术。因此，壁画的风格，具有与世俗绘画不同的特征。但是，任何艺术都源于现实生活，任何艺术都有它的民族传统。因而它们的形式多出于共同的艺术语言和表现技巧，具有共同的民族风格。敦煌壁画还被称为千

佛洞，也是我国四大古窟之一，被列为
世界文化遗产。

敦煌壁画中有神灵形象（佛、菩萨
等）和俗人形象（供作人和故事画中的
人物之分），这两类形象都来源于现实
生活，但又各具不同性质。从造型上说，
俗人形象富于生活气息，时代特点也表
现得更鲜明；而神灵形象则变化较少，想象和夸张成分较多。从衣冠服饰上说，俗
人多为中原汉装，神灵则多保持异国衣冠。晕染法也不一样，画俗人多采用中原晕
染法，神灵则多为西域凹凸法。所有这些又都随着时代的不同而不断变化。

敦煌壁画继承了传统绘画的变形手法，巧妙地塑造了各种各样的人物、动物
和植物形象。时代不同，审美观不同，变形的程度和方法也不一样。早期变形程度
较大，浪漫主义成分较多，形象的特征鲜明突出；隋唐以后，变形较少，立体感较
强，写实性日益浓厚。

漫漫黄沙，掩盖了无数敦煌画师的名字。高低错落的石窟，像一幅风格绚丽多
变的艺术宝库，艺术的辉煌超越了人与人之间的身份尊卑，被全世界的人铭记和敬
仰，成为不朽的丰碑。

（2）《八骏图》

《八骏图》是从六朝起就很流行的一幅画。画的是周穆王游昆仑山时为之驾车
的八匹良马。有关八骏的名目，各书记载不同。东晋王嘉《拾遗记》中记载："八
骏之名，一曰绝地，二曰翻羽，三曰奔霄，四曰越影，五曰逾晖，六曰超光，七曰
腾雾，八曰挟翼。"《穆天子传》中记载为：骅骝、騄耳、赤骥、白義、渠黄、逾
轮、盗骊、山子（柳宗元的《观八骏图说》即采用这种说法）。到柳宗元时代，有
许多著名的作家、诗人写作了不少有关《八骏图》的诗文。著名的就有白居易《新
乐府》中的《八骏图》、元稹的五言古诗《八骏图》、李观的《周穆王八骏图序》
等。近代流传最广的八骏图画作是著名画家徐悲鸿所创作，以周穆王的八匹骏马作
为题材。画中，八匹马形态各异，飘逸灵动，生动形象。在绘画技法上，是极为成
功的中西融合的产物。

晕染全部按照马的形体结构而施加，墨色浓淡有致，既表现了马的形体，又不影响墨色的韵味，为不可多得的珍品。

（3）《太极图》

《太极图》是中国古代文化的重要符号，被称为"中华第一图"。从孔庙大成殿梁柱，到老子楼观台、三茅宫、白云观的标记物；从道士的道袍，到算命先生的卦摊；从中医、气功、武术及中国传统文化的书刊封面、会徽会标，到新加坡空军机徽、玻尔勋章族徽等，太极图无不跃居其上。这种广为人知的太极图，其形状如阴阳两鱼互纠在一起，因而被习称为"阴阳鱼太极图"。

《太极图》据传是宋朝道士陈抟所传出。陈抟是五代至宋初的一位道士，对道家思想和易学都有很深造诣。据史书记载，陈抟曾将《后天太极图》《八卦图》《河图》以及《洛书》传给其学生种放。种放以之分别传穆修、李溉等人，后来穆修将《太极图》传给周敦颐。周敦颐著《太极图说》加以解释。现在我们看到的太极图，就是周敦颐所传的。

第四章　中国民族乐器及名曲

一、中国民族乐器、名曲概述

当中国古典音乐流泻而出的一刹那间，你可以清楚地感受到，在空气中流动的是高山、是流水、是丝竹、是冬雪、是千古的生命，那份说不出、道不尽的感动，就是中国古典音乐之美，而中国民族乐器是中国古典音乐的重要载体。中华民族勤劳智慧的先辈们，在生产生活中发明了风格多样的音乐器材，也创作了题材丰富的音乐曲目。

中国民族乐器种类繁多，历史悠久，源远流长。从已出土的文物可证实：远在先秦时期，就有了多种多样的乐器。如新石器时代文化遗址浙江河姆渡出土的骨哨，河南舞阳县的贾湖骨笛（最早的笛子，距今8000年左右），仰韶文化遗址西安半坡村出土的埙，河南安阳殷墟中出土的石磬、木腔蟒皮鼓，湖北随县曾侯乙墓（公元前433年入葬）出土的悬鼓、建鼓、抱鼓、排箫、笙、篪、瑟等。这些古乐器向人们展示了中华民族的智慧和创造力。

此外，经过数千年积淀，中华民族不仅形成种类繁多的民族乐器，更诞生了许多韵味独特、寓意深远的曲目。最具影响力的是十大名曲，即《高山流水》《广陵散》《平沙落雁》《梅花三弄》《十面埋伏》《夕阳箫鼓》《胡笳十八拍》《汉宫秋月》《阳春白雪》《渔樵问答》。

二、中国民族乐器列举

（一）鼓

鼓是一种打击乐器，结构比较简单，由鼓皮和鼓身两部分组成。鼓身一般为圆桶形且十分坚固；鼓皮是鼓的发音体，是蒙在鼓身上的一块拉紧的膜，鼓皮一般由动物的皮革制成。演奏时用手或鼓槌敲击或拍打鼓皮，使之振动而发声。鼓的出现比较早，从如今出土的文物来看，可以确定鼓大约有5000年以上的历史。

1. 鼓的分类

中国鼓类乐器的品种非常多，有腰鼓、大鼓、同鼓、花盆鼓等。上古时代的战鼓，皆由鳄鱼皮制成，而鼓皮选用鳄鱼皮，是取鳄鱼的凶猛习性以壮鼓声。到了周代，据《周礼·地官·司徒》记载，已专门设置了"鼓人"来管理鼓制、击鼓等事。鼓人管理各种用途的鼓，如祭祀用的雷鼓、灵鼓，乐队中的晋鼓等。其中，专门用于军事的叫"汾（音）鼓"，据《说文解字》的解释，这是一种长八尺，鼓面四尺，两面蒙革的大鼓。此外，路鼓、晋鼓等也用于军旅，这些鼓后来发展为各种规格的战鼓，在军事上得到普遍运用。

2. 鼓的应用

鼓的应用非常广泛。在远古时期，鼓被尊奉为通天的神器，人们觉得它具有表达人情、颁布天意、沟通神灵的作用，因此，这时的鼓常被作为祭祀的器具。鼓具有很好的共鸣效果，发声雄壮，传播路程远，所以也被我们的祖先作为军队打仗时助威、打击敌人士气的工具。后来，鼓也用于驱除猛兽、报时报警、传递信息等。鼓作为乐器是从周代开始的，周代有八音，鼓是群音的首领。随着社会的发展，鼓的应用更加广泛，民族乐队、各种戏剧、曲艺、歌舞、赛船舞狮、喜庆集会、劳动竞赛等都离不开鼓类乐器。

3. 鼓的传说

关于鼓的来历，在我国最古老的传说集《山海经》里，有一个黄帝造鼓的故事。约公元前 26 世纪，黄帝和蚩尤作战，蚩尤借用风伯雨神的威力，制造狂风暴雨来袭击黄帝的兵将。黄帝就利用"魃"，用强烈、持续的高温制伏了风雨，战胜了蚩尤。蚩尤虽然损兵折将，但仍兵多将广，士气高昂；黄帝虽然打了胜仗，但却担心寡不敌众，士气有些低落。

黄帝考虑怎样才能振奋士气提高战斗力，想来想去，终于想出一个妙法。他用一种特别的材料，制造一面响声震天的大鼓，来振作士气，恫吓敌人，从而战胜蚩尤。东海中有一个流波岛，岛上有一种名叫"夔"的野兽，形状像牛，但没有角，苍灰色的皮，只有一只脚，能入海，能上岛，它进入海水时，必有风暴雨伴随而来。它两眼发光如闪电，叫声响亮像霹雳。黄帝派人捉到了一头，剥下它的皮，晾干以后，就制成了一面特大的鼓。大鼓制成了，黄帝找了几个大力士，把鼓抬到山顶上，叫一个巨人来擂鼓，鼓声震天动地，黄帝的兵将听了，个个威风凛凛，勇往直前；蚩尤的兵将听了，人人胆战心惊。黄帝的军队乘着震耳的战鼓声，勇猛杀敌，打了胜仗。

从这一传说可以看出，最原始的鼓，并不是一种乐器，而是振奋人们精神、恫吓敌人的工具。随着歌舞的出现，鼓才逐渐发展成为乐器。

（二）笛子

中华文化上下五千年中，作为早期出现的乐器之一，笛子是中华文化中不可缺少的一部分。笛，在中国古代的文字记录中，被古人寄予了治国安邦的神圣愿望，《风俗通》："笛，涤也。所以涤邪秽，纳之雅正也。长二尺四寸，七孔。"《乐书》亦说："笛之涤也，可以涤荡邪气出扬正声。"也因笛子有携带方便、声音清脆、学起来容易等特点，所以深受人们喜爱。

1. 笛子的由来

中国笛子历史悠久，可以追溯到新石器时代。我国最古老的乐器——骨笛，是先辈们模仿鸟禽叫声，诱惑猎物，便于捕获而使用的工具，也是先辈们为传递信号而使用的工具，亦是人们点燃篝火，架起猎物，并围绕捕获的猎物边进食边欢腾歌舞时吹奏的乐器。

黄帝时期，即距今4000多年前，黄河流域生长着大量竹子，人们开始选用竹子为材料制笛。在中国传统文化中，竹不仅是一种植物，更是君子气节的象征——"宁可食无肉，不可居无竹"。而用竹子制成的乐器也被赋予了与众不同的气质。

2. 笛子的种类

从材质上看，笛子常有蕲竹、苦竹、紫竹、白竹、湘妃竹等竹材质，有红木、檀木、象牙、蛇纹玉、银、树脂等合成材质，还有铜铁等材质。

笛子不但演奏技巧丰富，而且它的品种也多种多样，有曲笛、梆笛、定调笛、加键笛、玉屏笛、七孔笛、十一孔笛等，还形成了风格迥异的南北两派。

如果从音高上分类，笛子一般分为曲笛（笛

身较为粗长，音高较低，音色醇厚，多用于中国南方）、梆笛（笛身较为细短，音高较高，音色清亮，多用于中国北方）和中音笛（形状、发音特点介于曲笛和梆笛之间）。

3. 相关传说

一剑一笛往往是古时行走江湖人士的随身物品。一剑傍身是为了行侠仗义，驰骋江湖；而一笛傍身却是由于行走江湖往往孤身一人，只有笛子常伴左右才能赶走内心的孤寂、抚慰心灵、觅得知音。

在影视剧《琅琊榜》中有"遍识天下英雄路，俯首江左有梅郎"美誉的江左盟宗主，在琅琊榜的开篇就手持长笛，伴随着徐徐的笛声，翩翩而至，鲜活的风雅之士形象跃然纸上。

著名小说家古龙笔下的西门吹雪，除了剑艺非凡之外，他还喜欢吹笛。作为一个侠义之士，西门吹雪以剑法超绝立足江湖，生性冷僻，嗜剑如命，虽是一位舞剑之人，却甚懂得人生乐趣，平时喜爱笛子和古琴之乐。高处不胜寒，人在高处，内心孤独，所以以笛为友，与音乐相伴，以抚慰高寒之处的孤寂感。

在汉代，也有用笛声退兵的故事。西汉将领李陵率军抗击匈奴被困，已到了绝境。因为寡不敌众，无法突围，夜深时，李陵差吹笛手郭超吹起笛子，那笛声非常悲惨，就连敌人首领听后也禁不住流泪。之后撤兵离去。

（三）箫

"箫，肃也。其声肃肃而清也。"肃即肃穆端正状。"肃"本义为"千针万孔"，转义为"风声尖锐地漫天呼啸"。"竹"与"肃"联合起来表示"一种模拟风声漫天尖锐呼啸的竹制吹奏乐器"。箫是一种模拟风吹声的竹乐器。我国古代箫多为竹质，较少玉质和木质。箫音质圆滑、幽美、悠长、恬静，相较其他管类乐器声音偏小，适合独奏。

1. 排箫与单管箫

排箫，在汉代鼓吹和隋唐音乐中都占有重要地位。它是由长短不等的细竹管由长到短或由短到长的顺序依次排成一列，用绳子、竹篾编起来或用木框镶起来。管子的底部都用塞子堵住，构成一个个独立的吹管，吹奏时，气流进入管中，可以产生高低不同的音调。排箫形似凤翼，富有民族风格，历代管数和长度不同，但均为单凤翼，清朝方改为双凤翼。管数从最早的 3 管起，到 10、13、16、20 和 21 管，直至最多的 24 管，每管都只发一音。排箫的音色纯美，轻柔细腻、空灵飘逸。排箫这种乐器既可以独奏，又可以合奏。

汉朝之前，排箫盛行，但因其一音一管的特质，浪费了材料与气息，所以逐渐被一管多孔的吹管乐器（单管箫）所取代。单管箫更便于携带，也更易吹奏，箫便由宫廷乐伶、文人手中之物走向市井阡陌，多运用于戏曲、词作配乐、日常演唱之中。

单管箫的管体一般呈圆柱形，通常有 6 ~ 8 个侧指孔，吹奏时，用手指按孔，可控制不同音高。

2. 笛与箫

今之单管洞箫，唐代以前称"笛"，宋代称"箫管"；魏晋时期，竖吹的单管箫已有六孔，仍称"笛"。故在此以前的竖笛和横笛常被后人混淆，为了区别两者，乐家常称排箫为"古箫"。唐代笛加有竹膜，箫无竹膜，至此有了明确的箫笛之分。

笛子横吹有膜孔，箫竖吹且没有膜孔，但有后音孔。笛音高昂清脆，箫柔和秀雅、深沉悠远，箫的演奏技巧基本上和笛子相同，可自如地吹奏出滑音、叠音和打音等，但灵敏度远不如笛，不宜吹奏花舌、垛音等富有特性的技巧，而适于吹奏悠长、恬静、抒情的曲调，表达幽静、典雅的情感。

3. 相关传说

箫的传说是个浪漫的爱情故事。箫史，秦穆公时人，擅吹箫，箫音能引禽类栖息。弄玉是秦穆公的女儿，擅长吹笙。二人婚后琴瑟和鸣，常在所居之处同奏，音乐引得凤凰纷纷降临停歇。后世凤女祠即纪念此神迹。箫史是凡人，但奏出的箫声能够招来祥瑞，突出了箫乐的神奇。箫，就乐器本身的发音来说，除绵密、哀伤外，还具有开阔、悠扬、豪爽的特质。

汉唐边塞驻军有军事用鼓，以传递命令，鼓舞士气。鼓声节奏分明，力度厚重，箫声高音开阔，低音绵长，二者搭配相得益彰。谢朓《隋王鼓吹曲·出藩曲》

中写道："铙音巴渝曲，箫鼓盛唐歌"，征战中箫鼓发动之乐不仅体现了军队的实力，雄浑大气的意境也透露出宏阔的胸怀。

（四）二胡

二胡又被称为胡琴，是一种相对年轻的乐器，仅有上千年的历史。二胡的音色优美，声音近似于人声，被誉为拉弦乐器中的"抒情圣手"，有着浓郁的民族特色与丰富的音乐表现力。二胡既能表现深情、委婉、凄凉的音乐情感，又能展现气势磅礴的意境。二胡的应用广泛，既能为戏曲、曲艺等多种音乐形式伴奏，又能以独奏的形式登大雅之堂，深受广大群众的喜爱。人们耳熟能详的二胡演奏曲有《二泉映月》《病中吟》《兰花花叙事曲》等。

1. 二胡的产生

唐宋时期，在少数民族中出现了一种形似于弦鼗的弓弦乐器，因其流行在奚族中，故被称为"奚琴"，后来被文人雅士改名为"嵇琴"。"奚琴"有着圆形的琴筒，两根琴弦，演奏时用竹子做的琴弓拉奏。奚琴在当时的地位低下，并不被中原人所看重，不过奚琴却是后世弓弦乐器的雏形，对胡琴音乐的发展有着深刻的影响。宋朝时，有人把"马尾"作为一种新的材料应用在琴弓中，取代了竹片制作的琴弓。至此，胡琴的形制基本定型，为后来二胡的发展奠定了基础。近代，二胡琴筒蒙了蟒皮，琴弦采用桑蚕丝，琴身采用紫檀木，使其更加精致，音色更加销魂哀切，表现力更加丰富。

2. 二胡演奏中的地域特色

二胡演奏具有鲜明的地域特色。在三秦地域，二胡曲目在演奏时具有较重的秦腔，听起来有一种粗犷低沉之感，曲目的风格更加激昂，例如《秦腔主题随想曲》，自由的节奏、跌宕的旋律淋漓尽致地展现了三秦地区豪放、热烈且不失朴实的特色风情。

而在中原地区的二胡演奏中常常会使用到颤音、顿音以及夸张的贪嘴技巧等，这使得二胡演奏出的调子具有张扬且音量较大等特点。中原地区的二胡代表作《豫北叙事曲》具有思想丰富、节奏明快、感情炽烈等特点。

3. 二胡艺术的先行者

刘天华先生是现代二胡艺术的先行者。作为杰出的现代民族音乐家，刘天华充分吸收与借鉴了西方乐器的演奏技巧，对二胡进行改革，扩大了二胡的音域，丰富了二胡的表现力。刘天华曾任教于北京大学音乐传习所，在这里，二胡被最早列为高等学府课程之一而得以教授，这大大地提高了二胡的地位。刘天华一生创作了 47 首二胡练习曲，10 首二胡独奏曲，为二胡艺术的发展创造出了一条崭新的道路。

刘天华的哥哥刘半农曾说："天华性情初不与音乐相近，而其'恒'与'毅'，则非常人所能比。择业既定，便悉全力赴之，往往练习一器，自黎明至深夜不肯歇，甚或连十数日不肯歇。"

4. 阿炳和他的《二泉映月》

阿炳，原名华彦钧（1893—1950），在二胡艺术方面的贡献也同样令人瞩目，他一生共创作和演出了 270 多首民间乐曲。华彦钧从小由同族婶母抚养，8 岁时作为小道士的他开始在私塾读了 3 年书，后从父学习鼓、笛、二胡、琵琶等乐器。12 岁已能演奏多种乐器，并经常参加拜忏、诵经、奏乐等活动。18 岁时被无锡道教音乐界誉为演奏能手。21 岁时，因生活变故而流落街头，痛苦绝望中的他没有破罐子破摔，不久，一个说唱时事，在街头卖艺，以"瞎子阿炳"闻名的创作型民间艺人诞生了。1949 年 4 月 23 日无锡解放，阿炳和他的《二泉映月》等乐曲获得重生。1950 年暑期，中央音乐学院师生为了发掘、研究和保存民间音乐，委托杨荫浏教授等人专程到无锡为他录制《二泉映月》《听松》《寒春风曲》3 首二胡曲和《大浪淘沙》《龙船》《昭君出塞》3 首琵琶曲。1950 年 12 月 4 日阿炳病逝，终年 57 岁。

《二泉映月》这首乐曲自始至终流露的是一位饱尝人间辛酸和痛苦的盲艺人的思绪情感，作品展示了独特的民间演奏技巧与风格，以及无与伦比的深邃意境，显示了中国二胡艺术的独特魅力，它拓宽了二胡艺术的表现力，获"20 世纪华人音乐经典作品奖"。

（五）琴

古琴又称"琴"，它有七根弦，又称"七弦琴"，别称"绿绮""丝桐"，是一种平置弹弦乐器。有 3000 年以上历史的琴是汉文化中地位最崇高的乐器，位列中国传统文化四艺"琴棋书画"之首，自古以来是许多文人必备的知识和必修的科目，是高雅的代表，有"士无故不撤琴瑟"和"左琴右书"之说。琴多以独奏艺术形式出现，也包括唱、弹兼顾的琴歌，或与琴箫合奏。伯牙、钟子期以"高山流水"而成知音的故事流传至今，琴台也被视为友谊的象征。

1. 琴的构造

古琴构造很有讲究，琴长三尺六寸半，象征一年 365 天；琴徽十三个，代表一年十二个月加闰月，体现了中国传统文化认知天、地、人时讲究"天人合一"理念，是中国传统文化对美的诠释。

2. 音色特征

古琴呈扁长形，琴弦、琴首、琴尾、琴腹等独特的结构造就其独特的音色。古琴的弦比较长，在弹奏时，琴弦振幅较大，时间较长，这使古琴产生的余音悠长，绵延不绝，令人回味。琴弦振幅大，产生的音频也就相对较低，使古琴的音域大多处在中、低音区。古琴的琴腹由面、底板合成，形成的共鸣腔较小，腔壁也较厚，使古琴的音量小，给人以抑制、浑厚的感觉。此外，因古琴的声音发出后，振动随着各个部位传播开来，所以给人以缥缈朦胧、虚幻丰富的感觉，使其音色更具意境美。

3. 琴的作用

古琴文化是随着古代音乐的发展而产生的，是人们陶冶情操、抒发情感的重要媒介。自周公制礼作乐以来，音乐便担负着教化的责任。古语有云："琴，禁也。"也就是禁淫邪，洁身，怡养性情的意思，所以古琴也可以发挥"经夫妇，厚人伦，美教化，移风俗"的社会作用。琴可以发幽情，觅知音，移性情。而文人更喜欢将身心寄于物，希望能隐晦曲折地抒发自己的苦闷，一人一琴，独坐山涧之中，或对一头牛，或对着天地，万籁俱静，尽享琴音的美妙。

1977 年，美国向太空发射一颗能冲击太阳系和银河系的人造卫星，科学家在卫星中安放了一些有关地球人类文化资料，其中较为突出的就是代表一个国家的音乐唱片，代表中国的就是古琴曲《流水》。

2003 年 11 月 7 日，中国古琴艺术继昆曲之后，入选世界"人类口头和非物质遗产代表作"名录，有着 3000 年悠久历史的古琴艺术的突出价值再次得到了世界公认。

4. 相关传说

古琴的历史源远流长，至今已有 3000 多年的历史。相传创始于史前传说时代的伏羲氏和神农氏时期。琴的创制与远古的巫术有关，是一种通神的工具，但具体是哪个人创造的古琴，目前还有争议。桓谭在《新论·琴道》中这样描述："昔神农氏继宓义而王天下，亦上观法于天，下取法于地，近取诸身，远取诸物，于是始削桐为琴，绳丝为弦，以通神明之德，合天地之合焉。"蔡邕在《琴操》中说道："伏羲氏作琴，所以御邪僻，防心淫，以修身理性，反其天真也。"而其他史料，也大都不出这两种观点。

伯牙抚琴"高山流水遇知音"。据《列子》记载："伯牙善鼓琴，钟子期善听。伯牙志在高山，钟子期曰：巍巍乎，若泰山。伯牙志在流水，钟子期曰：洋洋乎，若江河。伯牙所念，子期心明。伯牙游于泰山之阴，卒逢暴雨，止于岩下。伯牙曰：善哉，子之心与吾心同。子期既死，伯牙绝琴，终身不复鼓也。"识音者少，而知己心境者又能有几个呢，士为知己者死，女为悦己者容，人生若能得一知己，想必足矣！

（六）瑟

瑟是我国出现最古老的弹拨乐器之一，形状似琴，有 25 根弦，弦的粗细不同，每弦瑟有一柱，按五声音阶定弦。最早的瑟有五十弦，故又称"五十弦"。

1. 瑟的特点

"瑟"与编钟、编磬、埙等都是演奏雅乐的主要乐器，不仅深受统治者的欢迎，在士阶层也广为流传。唐代鲍溶的《巢乌行》中说道："将飞不飞犹未忍，古瑟写哀哀不尽"；唐代魏璀的《湘灵鼓瑟》中说道："瑶瑟多哀怨，朱弦且莫听"。可见，古瑟所奏出的音乐应该是一种悠扬而带伤感的曲调。雅乐的特点是齐奏为主，曲调简单，节拍缓慢，同时是严肃、冗长、呆板的。古瑟悠扬而伤感的曲调与编钟、编磬等乐器合奏，更突出了雅乐的宏伟庄严之美，沉重压抑之感。

2. 瑟的兴起

早在 3000 年前黄帝时期就有关于"瑟"的传说。"瑟"在周代已非常流行，《诗经》中曾多处提到"窈窕淑女，琴瑟友之"（《关雎》）、"我有嘉宾，鼓瑟鼓琴。鼓瑟鼓琴，和乐且湛"（《鹿鸣》）等。《战国策》中曾记载："临淄甚富而实其民无不吹竽、鼓瑟、击筑、弹琴。"在士阶层中，士"无故不撤琴瑟"，他们将习瑟列为文化课程"六艺"的内容之一，并以操练来陶冶情操、修身养性。

瑟最初是被作为祭祀用的礼器，先秦时期随着雅乐的兴起，古瑟独特的音韵使它迅速繁荣起来，成为统治阶级权力、身份的象征而被朝廷用于祭祀、朝会、宾宴等场合，汉武帝时重建乐府，乐人分工很细，有专门的"瑟员""绳弦工"。

3. 瑟的传说

《韩诗外传》说道："昔者，孔子鼓瑟，曾子、子贡侧门而听。"曲终，曾子觉得很奇怪，认为老师的瑟声中透露着杀伐之气，子贡也以为是这样。他们一同进入屋内，站在孔子身旁。孔子问其故，他们便述说了自己的疑问。孔子说："刚才我鼓瑟时，见一只鼠出游，猫在梁上看见，想捕捉却不能。我心里一急，大概就从瑟声中显露了出来。"从中，我们可以看出，在当时古瑟的演奏技艺已经达到了相当高超的程度，同时也能感受到古瑟强大的表现力及演奏时精细微妙的感情变化。

4. 琴与瑟

古人好以"琴瑟"并称。"琴瑟和谐""好合如琴瑟"是对和谐的最好描写。瑟与琴均为木制，且面板呈微弧形，乐器底部均凿出一共鸣箱体，均设岳山以承弦，并有系弦用瑟枘或琴轸。但"琴"比"瑟"体积小、音量小、弦少，用于当着客人的面演奏。演奏者或为主人，或为妙龄女郎。"瑟"体积大、弦多、空腔大、量大，音色变化多，用于帷幕后面隐匿处作为背景音乐的演奏，目的是给宾客饮酒谈天营造一种轻松愉快的气氛，而非用于专场音乐欣赏会，所以演奏者可以是技术娴熟的老叟老妇。

（七）古筝

古筝又名汉筝、秦筝、瑶筝、鸾筝，是中国汉民族传统乐器中的筝乐器，属于弹拨乐器。它是中国独特的、古老的、重要的民族乐器之一。它的外形古朴、典雅大方；音色清悦委婉、优美高洁；表现力极其丰富，深受人们的青睐。

1. 关于"筝"的传说

筝已有 2500 多年的历史，早在战国时期的秦国（现陕西）就广泛流传，有传说，筝是战国时的一种兵器，竖立着挥动就可攻打敌人——"筝横为乐，立地成兵"。后来在上面加上琴弦，拨动时悦耳动听，于是发展成乐器。

另有传说黄帝让仙女素娥弹一种五十弦的瑟。黄帝觉得五十弦瑟弹奏出来的音乐非常悲凉，不让她弹下去，但是禁止不住，于是就将瑟一分为二，破成二十五弦，这就是"分瑟为筝"的由来。

2. 演奏古筝的坐姿及其演奏技法

演奏古筝既可坐式，又可立式。坐式更为常见，坐在椅子上的时候，不能整个人都坐上去，倘若整个人都坐到椅子上，则会身体后倾，不利于演奏。只需坐在椅子的一半或者三分之二即可，同时椅子高度与演奏者的腰部和琴码的高度要一致。

古筝具有"右手弹，左手按"的演奏特点，右手大拇指负责"劈""托"，食指负责"抹""挑"，中指则是"勾""剔"，无名指则是"滴""打"，采用多指相互结合的演奏方法，使右手弹奏更有灵动感，更富表现力。左手更多是起辅助作用，主要是按弦，通过"揉""按""颤""注""吟"等方式演奏，其主要的作用就是辅助右手的演奏。

3. "中国古筝之乡"——扬州

一座拥有 2500 多年历史的文化名城——扬州，被誉为"中国古筝之乡"。从吴王夫差开始，地处长江、淮河、运河交汇之处的扬州就一直流淌着悠悠琴声。2500 年琴声的浸润，让扬州的一草一木都充盈着浓厚的艺术气息。淙淙的古筝声，早已融进这个城市的文化脉搏。举世瞩目的 2008 年奥运会倒计时之际，扬州以 2008 人、2008 张古筝齐奏《茉莉花》而入选吉尼斯世界纪录。2010 年的 5 月10—15 日，扬州的古筝和古琴再次亮相上海世博会。

4. 古筝的主要流派

（1）潮州筝派

潮州筝又称"南筝"，源自中原古筝，流行于广东潮州、揭阳、汕头等潮州语系地区。是"茫茫九派中国筝"史上重要一派，以柔美、细腻、微妙而著称，代表曲目有《寒鸦戏水》《柳青娘》《西江月》《锦上添花》《平沙落雁》《深闺怨》等。

（2）浙江筝派

浙江筝即武林筝，又称杭筝，流行于浙江、江苏一带。据传在东晋时筝已传入建康（今南京）了，在浙江筝派中，筝曲是较为丰富多样的。浙江筝多由杭州摊簧、江南丝竹演变而成，具有旋律和谐，风格秀美、清丽，表现力淡雅、含蓄等特点。代表曲目有《月儿高》《将军令》等。

（3）客家筝派

在客家筝派的发展历程中，以汉调音乐为依据，受到广东方言、地域特征的影响，形成了古朴优秀、含蓄文静、秀丽委婉、韵味悠长的风格，代表曲目有《出水莲》《蕉窗夜雨》等。

（4）山东筝派

"齐鲁大板"的山东筝曲，其重要标志是：主旋律大多依赖大指演奏，大指触弦又被称为花指，中指、食指起配合的作用。山东筝多为宫调式，曲风刚柔并蓄，铿锵深沉。代表曲目有《汉宫秋月》《四段锦》《天下同》等。

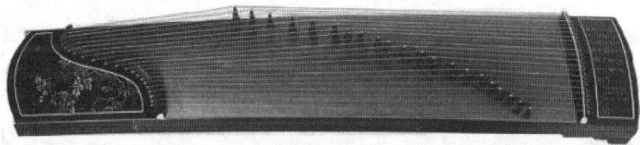

（5）河南筝派

河南筝派有"中州古调"（或称"郑卫之音"）之称。在东汉，汉光武帝建都洛阳，而北宋建都汴梁（今开封），都是在河南地区，而在这个地区早就流行着民间音乐"郑卫之音"，秦筝随着迁都流入河南，和当地民间音乐"郑卫之音"融合发展成后世有名的中州古调。河南筝曲以深沉内在、慷慨激昂为其特色，可将其划分为版头曲、唱腔牌子曲等。代表曲目有《打雁》《陈杏元和番》《高山流水》《汉江韵》等。

（6）陕西筝派

"真秦之声"的陕西筝也称"秦筝"，古朴典雅，是各筝派的始祖。对于陕西筝派而言，弹奏风格较为鲜明，不仅十分细腻，悲怨中又包含着委婉、激昂中又透露着情感等，大多以抒情为主，特点鲜明，易给人留下深刻的印象。代表曲目有《秦桑曲》《姜女泪》等。

（八）琵琶

琵琶有着"民乐之王""弹拨乐器之王""弹拨乐器首座"等美称，以其优美的音色及丰富的演奏技巧，为广大音乐爱好者所推崇。

1. 琵琶的命名

东汉时期刘熙在《释名·释乐器》中提到："枇杷，马上所鼓也。推手前，曰枇；引手却，曰杷。像其鼓时，因以为名也。"意即"批把"是骑在马上弹奏的乐器，向前弹出称作"批"，向后挑进称作"把"，根据其演奏的特点而命名为"批把"，后来又叫作琵琶。"琵琶"二字中的"珏"意为"二玉相碰，发出悦耳碰击声"。

2. 琵琶的构造

琵琶由"头"与"身"构成，头部包括弦槽、弦轴、山口等。身部包括相位、品位、音箱、覆手等部分。琵琶一般为木制，音箱呈半梨形，弦原先是用丝线，现多用钢丝、钢绳、尼龙制成，颈与面板上是确定音位的"相"和"品"。演奏时竖抱，左手按弦，右手五指弹奏，是可独奏、伴奏、重奏、合奏的乐器。

3. 琵琶的产生

"琵琶"大约在中国秦朝出现，被当时的人们称为"秦汉子""秦琵琶"。公元前214年，秦朝的统治者为修筑长城而征兵，工匠离家甚远，无法排解乡愁的时候，创造了这件弹拨乐器。这件乐器体型很小，就像鼗。鼗鼓是民间小孩子的玩具，一般都是圆形的身体，用手来演奏，手握着手柄来回拨动演奏出声音。琵琶像鼗鼓那样的形状，却有琴弦，所以被后人称为弦鼗，因修筑长城的工匠们多为"汉子"，所以"琵琶"又被叫作"秦汉子"。

4.《琵琶行》

白居易的《琵琶行》绝世相传，它以口诀的形式记录了琵琶的弹奏方法和美妙的音色：

> 千呼万唤始出来，犹抱琵琶半遮面。
>
> 转轴拨弦三两声，未成曲调先有情。
>
> 弦弦掩抑声声思，似诉平生不得志。
>
> 低眉信手续续弹，说尽心中无限事。
>
> 轻拢慢捻抹复挑，初为《霓裳》后《六幺》。
>
> 大弦嘈嘈如急雨，小弦切切如私语。
>
> 嘈嘈切切错杂弹，大珠小珠落玉盘。

（九）笙

笙是我国古老的簧管乐器，其魅力在于所具有的独特音色：恬静、优美、和声丰满，技巧多样，极富表现力，无论是吹还是吸都能发出悦耳的声音。《韩非子·内储说》里记载春秋战国时"滥竽充数"的故事家喻户晓，而故事中的"竽"则是笙的原型。

1. 笙的构造

笙一般用 13 根长短不同的竹管制成，外观如凤翼，用于吹奏。笙由笙簧、笙笛、笙斗三部分组成，由笙簧振动引起笙笛内的空气振动而发音。乐队中经常使用的是二十一簧和二十四簧高音笙。在传统器乐里，笙常常被用作其他管乐器如笛子、唢呐的伴奏，为旋律加上纯四度或纯五度和音。在现代国乐团，笙可以担当旋律或伴奏的作用。

我国最早发现的实例是春秋晚期湖北当阳曹家岗楚墓出土的残存的两个笙斗。笙斗由截去直柄端的悬瓠制成，直柄做吹嘴，腹做斗，斗面残留两排管孔，每排 8 个。清朝末年，由于圆笙的形制圆而光滑使人不易拿稳，手指在吹奏快速旋律时容易跟不上，手腕也易僵硬。大约在 20 世纪初，河南的笙匠王玉泉研究出了方斗笙，其具有声音洪亮、指法灵活、便于拿稳、手腕不易疲劳等优点，这也是现代三十六簧方笙的雏形。

2. 笙的产生

先秦史书《世本》中便有"女娲作笙簧""伏羲造琴瑟"之说。此外，《世本》中还有"随作笙"的传说，随与女娲一样，都是中国古代神话中的人物。

3. 笙的发展

笙出现在商周时期，兴盛于春秋战国。然而自隋唐始，西域音乐传入中国，笙的地位每况愈下，至宋、元、明、清时代，笙逐渐衰落。

周朝时，笙已见于记载中，是当时用处最大的乐器。相传在西周时期，周穆王十分喜欢音乐，尤其爱听笙的演奏。为了随时欣赏音乐，他走到哪里，乐队就带到哪里。在器乐节目中，经常为周穆王演奏的笙曲有《由庚》《崇山》《由仪》《南陔》《白华》《华黍》等。这些笙曲都是当时宫廷中最受王爷和大臣们欢迎的曲目，也是我国笙演奏史中有记载的最早的传统乐曲。《诗经·小雅·鹿鸣》有"鼓簧吹笙"，由此可见笙在当时已经由簧片振动发声了。

春秋战国时期，笙不仅在宫廷音乐中出现，并且也流传并盛行于民间。当时淄博是一个有 7 万户居民的大城市，据说人人都会吹竽（当时笙又称竽）。史书《战国策·齐一》曰："淄博甚富而实，其民无不吹竽。"

宋代《陈氏乐书》中说："笙为乐器，其形凤翼，其声凤鸣，簧谓之巢，以众管在匏，有凤巢之象也。"人们把笙和凤凰相媲美，充分说明人民对笙的喜爱和褒奖。

自隋唐始，笙的影响开始变弱，地位逐渐衰落，在乐队演奏中日渐沦为伴奏乐器。宋元明清时笙几经曲折，变化起伏，地位大不如先秦及春秋战国时代。隋朝开始，受外来文化的影响，大量外来音乐传入中国，影响了传统乐器的演奏与地位，尤其是对笙这种长期占据主奏地位的乐器造成了冲击。

1949 年以后，政府开始重视与发扬传统文化，制订了"百花齐放，百家争鸣"的文艺指导方针。在此方针指导下，笙重获新生。1956 年，著名笙演奏家胡天泉先生第一次将笙——这长期以来一直被用作伴奏的乐器，搬上了独奏的舞台，创作并演奏了著名传统笙独奏曲目《凤凰展翅》。以此作为起点，传统笙作品随后也遍地开花。另外，胡天泉的《芦笙舞曲》与闫海登的《孔雀开屏》《沂蒙山歌》等都是笙曲中的经典之作。在这两位新时期笙演奏大家的带领下，笙的技巧创新和笙曲创作都得到了空前的发展，开创了笙的独奏艺术。

（十）埙

埙大多由陶土烧制而成，其形状有管形、橄榄形、鱼形、锥形等。它的顶端都有一个吹孔，埙体上有的无按音孔，有的有一个或多个按音孔。

埙是中国迄今所发现的最早的吹奏乐器之一，浙江余姚河姆渡遗址发现的7000多年前的椭圆形一孔陶埙，是目前发现的最古老的埙。西安半坡村仰韶文化遗址发现的两个陶埙，距今已有6700多年。在中国最早的诗歌总集《诗经》里就有"伯氏吹埙，仲氏吹篪"这样的记载，意思是兄弟两人，一个吹埙一个吹篪，表达和睦亲善的手足之情。

埙的音色幽深、悲凄、哀婉、绵绵不绝，具有一种独特的音乐品质。也许正是埙这种特殊音色，古人在长期的艺术感受与比较中，赋予埙和埙的演奏神圣、典雅、神秘、高贵气质。1984年，在美国洛杉矶举行的第23届奥林匹克艺术节上，中央民族乐团杜次文先生用这种古老的乐器演奏了一曲《楚歌》，征服了在场每一位听众的心。

1. 埙的产生

按科学的观点，埙应当是古代先民们在长期生产劳动实践中逐步创造出来的乐器，早期雏形是狩猎用的石头（古有记载谓之"石流星"），由于石头上有自然形成的空腔或洞，当先民们用这样的石头掷向猎物时，空气流穿过石上的空腔，形成了哨音，这种哨音启发了古代先民制作乐器的灵感，早期的埙就是这样产生的。远古多为石制、骨制，后来逐渐改用陶土烧制而成，以模拟禽鸟鸣声，作为诱捕禽鸟的辅助工具。

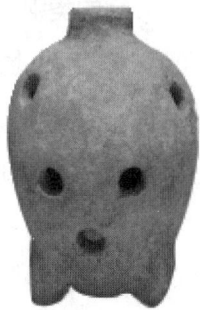

2. 埙的材质

从出土实物来看，埙的制作材料有陶土、石质、骨质和瓷质等。其中以陶土烧制的最为常见，所以多称为陶埙。也正因如此，埙才被归入八音分类法中的"土类"。

3. 埙的形状

从器形来看，其形制多种多样，有梨形、卵形、鱼形、橄榄形、球形、圆柱形、人头形、兽头形、鬼怪形等。

4. 埙的类别

秦汉以后，埙主要用于历代的宫廷音乐。在宫廷音乐中，埙分成颂埙和雅埙两种。颂埙形体较小，像个鸡蛋，音响稍高；雅埙形体较大，音响浑厚低沉，常常和一种用竹子做成的吹管乐器篪配合演奏。

三、中国十大名曲列举

（一）《高山流水》

《高山流水》是我国十大古曲之一，乐曲由"高山"和"流水"两部分组成。前半部分运用两个八度并带按滑的"大撮"技法及浑厚而优美的音色描绘高山的雄伟气势，后半部分则在按滑的同时连续地刮奏，表现了流水的不同形态，时而如涓涓细水，时而如滔滔洪流，气势磅礴，形象逼真。听者有身临其境、耳闻其声之感。

传说先秦的琴师伯牙一次在荒山野地弹琴，樵夫钟子期竟能领会这是描绘"峨峨兮若泰山"和"洋洋兮若江河"。伯牙惊道："善哉，子之心而与吾心同。"钟子期死后，伯牙痛失知音，摔琴绝弦，终生不弹，故有高山流水之曲。

现"高山流水"比喻知己或知音，也比喻乐曲高妙。

（二）《广陵散》

《广陵散》又名《广陵止息》。"广陵"是扬州的古称，"散"即散乐，先秦时已有散乐，是一种民间音乐，有别于宫廷宴会与祭祀时的雅乐。《广陵散》是东汉末年流行于广陵地区（今安徽寿县境）的民间乐曲，曾用琴、筝、笙、筑等乐器演奏，现仅存古琴曲，以《神奇秘谱》载录最早。现多数琴家按"聂政刺韩王"传说解释。全曲共 45 段，谱中有《刺韩》《冲冠》《发怒》《投剑》等分段小标题，全曲贯注了一种愤慨不屈的浩然之气。

东汉蔡邕的《琴操》中谈到该曲相关的故事：聂政为战国时韩国人，其父为韩王铸剑误期而被杀。为报父仇，他上泰山刻苦学琴十年，后漆身吞炭，改变音容，返回韩国，在离宫不远处弹琴，琴艺使行人止步，牛马停蹄。韩王召进宫内演奏，聂政趁其不备，从琴腹抽出匕首刺死韩王。为免连累母亲，便毁容自尽。义侠聂政的名字在民间广为传颂。为了纪念他，人们就编写了一首琴曲，这就是《广陵散》。此曲主要表现了对聂政不幸命运的同情，对聂政壮烈事迹的歌颂和赞扬。

《广陵散》的旋律激越、慷慨，富有反抗和斗争的精神，它是我国现存古琴曲中唯一的具有戈矛杀伐战斗气氛的乐曲，直接表达了被压迫者反抗暴君的斗争精神。正因为如此，常受到一些封建统治阶级及其卫道者们的攻击。朱熹指斥"其曲最不和平，有臣凌君之意"。宋镰也指责该曲"其声愤怒躁急，不可为训，宁可为法乎？"

嵇康也正是看到了《广陵散》的这种反抗精神与战斗意志，才酷爱《广陵散》并对之产生了深厚的感情。《晋书·嵇康传》记载，三国时期魏国人嵇康善弹此曲，秘不授人。后遭谗被害，临刑索琴弹之，曰："《广陵散》於今绝矣！"后亦称事无后继、已成绝响者为"广陵散"。也因嵇康临刑索弹《广陵散》，才使这首古琴曲名声大振，在一定程度上，《广陵散》是因嵇康而"名"起来的。

（三）《平沙落雁》

据说《平沙落雁》是近三百年来流传最广的古琴曲，现存的琴谱就达五十余种。该曲悠扬流畅，优美动听，清新隽永。意在借鸿鹄之远志，写逸士之心胸。

"平沙落雁"本是著名的自然景色"潇湘八景"之一。曲中描绘了一幅恬静优美的水墨小品画——黄昏将至，烟波浩渺的洞庭湖边，岸边一带白沙，安详恬静，蒙蒙如霜。一群大雁从远天飞来，在空中徘徊飞鸣，先有几只降落其上，仰首与空中的飞翔者相互鸣叫呼应，继而雁群一一敛翅飞落。远望去，雁群、沙岸、水波，都在越来越浓的暮色中渐渐睡去。

通过时隐时现的雁鸣，以及雁群降落前的空际盘旋顾盼的情景，描绘出一幅清秋寥落，沙平江阔，群雁飞鸣的画面；抒发了恬淡的惬意，幽畅的情趣；包含了对怀才不遇而欲取功名者的励志，和对因言获罪而退隐山林者的慰藉。

（四）《梅花三弄》

梅花以其清丽雅洁的韵致和不畏霜雪、傲世独立、凌寒留香的精神，成为文人墨客咏叹的对象。文人们都爱把自己的心怀、情操和趣味融入梅花的恬淡之中。

《梅花三弄》又名《梅花引》《梅花曲》《玉妃引》，琴曲的乐谱最早见于《神奇秘谱》（公元1425年）。乐曲通过梅花的芬芳和耐寒等特征，借物抒怀，来歌颂具有高尚节操的人。全曲共有10个段落，因为主题在琴的不同徽位的泛音上弹奏三次（上准、中准、下准三个部位演奏），故称"三弄"。通过"三弄"这种反复的处理，旨在喻梅花在寒风中次第绽放的英姿、不屈不挠的个性和节节向上的气概。

《梅花三弄》的历史典故是东晋大将桓伊为狂士王徽之演奏梅花《三调》的故事，《晋书·列传五十一》和《世说新语·任诞第二十三》里都曾记载了这段典故。桓伊善吹笛，在当时很有名气，王徽之慕名已久，但一直没有机会听其演奏。一次，徽之乘船赴京师，中途泊舟，巧遇桓伊从岸上走来，于是请桓伊吹奏，桓伊也久仰徽之大名，便欣然下车，吹了一曲《梅花三弄》，笛声悠扬悦耳，奏罢上车扬长而别，客主不交一言。

（五）《十面埋伏》

《十面埋伏》是一首著名的大型琵琶曲，堪称曲中经典。其演奏为独奏，乐曲曲调激烈，内容辉煌壮丽，风格奇特雄伟，震撼人心。

公元前 202 年，楚汉两方在垓下（今安徽省灵璧县东南）进行决战时，汉军设下十面埋伏的阵法，从而彻底击败楚军，迫使项羽自刎于乌江。

琵琶曲《十面埋伏》根据这一历史事实加以集中概括谱写而成，并出色地运用音乐手段描述了这场古代战争的激烈战况，清楚地表现出项羽被大军包围时走投无路的场景，是一幅生动感人的古战场音画。

（六）《夕阳箫鼓》

《夕阳箫鼓》是一首抒情写意的文曲，旋律雅致优美。多用推、拉、揉、吟等演奏技法，描绘出一幅清丽的山水画卷。音乐开始，鼓声、箫声，疏密有致地悠然兴起；继而委婉如歌的、富有江南情调的主题款款陈述；其后各段，运用扩展、紧缩、移易音区和"换头合尾"等变奏手法，并适时点缀水波声、桨橹声等造型乐汇，表达了意境幽远的情趣。

此曲以柔婉的旋律，安宁的情调，描绘出人间的良辰美景：暮鼓送走夕阳，箫声迎来圆月的傍晚；人们泛着轻舟，荡漾春江之上；两岸青山叠翠，花枝弄影；水面波心荡月，桨橹添声……

（七）《胡笳十八拍》

《胡笳十八拍》是中国乐府名诗，古琴名曲，相传为东汉末年蔡文姬以胡笳音色融入古琴而成，有"大胡笳""小胡笳"等 39 种不同的版本，传世最广的是明朝万历年间孙丕显《琴适》中的记载，根据该谱，胡笳十八拍是由 18 首歌曲组合而成的琴歌。

汉末，著名文学家、古琴家蔡邕的女儿蔡琰（文姬），在兵乱中被匈奴所获，留居南匈奴与左贤王为妃，生了两个孩子。汉丞相曹操曾经与蔡邕交好，并知文姬颇有文才，当得知文姬遭遇后，乃派使者至匈奴面见单于，以重金赎回蔡文姬。蔡文姬托付侍女侍琴留下照顾其二子，自己独自毅然归汉。后来蔡文姬写了一首长诗，叙唱她悲苦的身世和思乡别子的情怀。全诗共十八段，谱作成套歌曲十八首。古人根据同名诗谱写了琴歌《胡笳十八拍》。

《胡笳十八拍》的艺术价值很高，明朝人陆时雍在《诗镜总论》中说："东京风格颓下，蔡文姬才气英英。读《胡笳吟》，可令惊蓬坐振，沙砾自飞，真是激烈人怀抱。"

（八）《汉宫秋月》

《汉宫秋月》原为崇明派琵琶曲，现流传的演奏形式有二胡曲、琵琶曲、筝曲、江南丝竹等。此曲细致地刻画了宫女面对秋夜明月，哀怨悲愁又无可奈何的无限惆怅、寂寥清冷的意境。

宫女之怨是个传统话题，唐朝张祜的一首五言绝句《宫词》："故国三千里，深宫二十年。一声何满子，双泪落君前。"即是描述宫女的佳作，写出宫女积郁难遣的深怨。

"一入宫门深似海"，宫女自进入宫门后，就与外界断绝联系，她们每天都要干最苦最累的活。宫女们只有得到皇帝的宠幸才能过上锦衣玉食的生活，三千嫔妃和宫女，都想向皇帝一人争宠，难免尔虞我诈，钩心斗角，不择手段，并且宫中规矩繁多，一不小心就要受到各种惩罚，轻则遭受皮肉之苦，重则丧命。但无论如何，绝大多数宫女都是得不到皇帝宠幸的，所以她们大多日久生怨，最后孤独终生，慢慢老死在深宫之中。

（九）《阳春白雪》

《阳春白雪》相传是春秋时期晋国的乐师师旷或齐国的刘涓子所作。现存琴谱中的《阳春》和《白雪》是两首器乐曲，《神奇秘谱》在解题中说："《阳春》取万物知春，和风淡荡之意；《白雪》取凛然清洁，雪竹琳琅之音。"《阳春白雪》以清新流畅的旋律、活泼轻快的节奏，生动表现了冬去春来、大地复苏、万物向荣、生机勃勃的初春景象。

"阳春白雪"的典故来自《楚辞》中的《宋玉答楚王问》一文。楚襄王问宋玉，先生有什么隐藏的德行吗？为何士民众庶不怎么称誉你啊？宋玉说，有歌者客于楚国鄂中，起初吟唱"下里巴人"，国中和者有数千人。当歌者唱"阳阿薤露"时，国中和者只有数百人。当歌者唱"阳春白雪"时，国中和者不过数十人。当歌曲再增加一些高难度的技巧，即"引商刻羽，杂以流徵"的时候，国中和者不过三数人而已。宋玉的结论是，"其曲弥高，其和弥寡"。"阳春白雪"等歌曲越高雅、越复杂，能唱和的人自然越来越少，即曲高和寡。

"阳春白雪"这个词语后来泛指高深的、不通俗的文学艺术，常跟"下里巴人"对举。

（十）《渔樵问答》

《渔樵问答》是一首古琴曲，存谱最早见于明代萧鸾撰写的《杏庄太音续谱》（1560 年）。

乐曲采用渔者和樵者对话的方式，以上升的曲调表示问句，下降的曲调表示答句。表现渔樵在青山绿水中间自得其乐的情趣。反映隐逸之士希望摆脱俗尘凡事的羁绊，向往洒脱自由的渔樵生活。

渔父、樵子的一席话将兴亡得失这一千载厚重话题解构于无形，旋律飘逸潇洒，生动形象地表现出渔樵悠然自得的神态，能引起人们对渔樵生活的向往。正如《琴学初津》中所述："《渔樵问答》曲意深长，神情洒脱，而山之巍巍，水之洋洋，斧伐之丁丁，橹歌之矣乃，隐隐现于指下。迨至问答之段，令人有山林之想。"

第五章　中国戏曲

一、中国戏曲概述

中国戏曲起源于原始歌舞，是一种历史悠久的综合舞台艺术样式。它由文学、音乐、舞蹈、美术、武术、杂技以及表演艺术综合而成，约有三百六十多个种类。它的特点是将众多艺术形式以一种标准聚合在一起，在共同具有的性质中体现其各自的个性。中国戏曲经过长期的发展演变，逐步形成了以"京剧、越剧、黄梅戏、评剧、豫剧"五大戏曲剧种为核心的中华戏曲百花苑。中国戏曲与希腊悲剧和喜剧、印度梵剧并称为世界三大古老的戏剧文化。

中国戏曲比较流行的著名剧种有京剧、昆曲、越剧、豫剧、湘剧、粤剧、秦腔、川剧、评剧、晋剧、汉剧、潮剧、闽剧、河北梆子、黄梅戏、湖南花鼓戏等五十多个剧种，尤以京剧流行最广，遍及全国。

二、中国戏曲列举

（一）中国五大戏曲

中国五大戏曲剧种依次为：京剧（有"国剧"之称）、越剧（有"中国第二大剧种""第二国剧"之称）、黄梅戏、评剧、豫剧。

1. 京剧

京剧曾称平剧，是中国五大戏曲剧种之一，场景布置注重写意，腔调以西皮、二黄为主，用胡琴和锣鼓等伴奏，被视为中国国粹，中国戏曲三鼎甲"榜首"。

京剧的前身是徽剧。清代乾隆五十五年（1790）起，原在南方演出的三庆、四喜、春台、和春，四大徽班陆续进入北京，他们与来自湖北的汉调艺人合作，同时又接受了昆曲、秦腔的部分剧目、曲调和表演方法，吸收了一些地方民间曲调，通过不断的交流、融合，最终形成京剧。京剧形成后在清朝宫廷内开始快速发展，直至民国得到空前的繁荣。

京剧舞台艺术在文学、表演、音乐、唱腔、锣鼓、化妆、脸谱等各个方面，通过无数艺人的长期舞台实践，构成了一套互相制约、相得益彰的格律化和规范化的程式。京剧在形成之初，便进入宫廷，所以它的发育成长不同于地方剧种。它所表现的生活领域更宽，所塑造的人物类型更多，技艺更全面、完整，舞台形象的美学要求也更高，但其民间乡土气息较弱，纯朴、粗犷的风格特色相对淡薄。因而，它的表演艺术更趋于虚实结合的表现手法，最大限度地超脱了舞台空间和时间的限制，达到"以形传神，形神兼备"的艺术境界。表演上要求精致细腻，处处入戏；唱腔上要求悠扬委婉，声情并茂；武戏则不以火爆勇猛取胜，而以"武戏文唱"见佳。

（1）京剧行当分类

京剧舞台上的一切都不是按照生活里的原貌出现的，京剧舞台上的角色也不是按照生活中人的本来面貌出现的，而是根据所扮演角色的性别、性格、年龄、职业以及社会地位等，通过化妆、服装各方面的艺术加工，形成生、旦、净、丑四种类型的舞台角色。

生：除了花脸以及丑角以外的男性正面角色的统称，分老生、武生、小生、红生、娃娃生。

旦：女性正面角色的统称，分青衣（正旦）、花旦、闺门旦、刀马旦、武旦、彩旦。

净：俗称花脸，大多是扮演性格、品质或相貌上有些特异的男性人物，化妆用脸谱，音色洪亮，风格粗犷。净又分为以唱功为主的大花脸，分正净、架子花、武二花、摔打花、油花。

丑：扮演喜剧角色，因在鼻梁上抹一小块白粉，俗称小花脸。丑分文丑、武丑等。各个行当都有一套表演程式，在唱念做打的技艺上各具特色。

（2）京剧脸谱

京剧脸谱是一种具有中国文化特色的特殊化妆方法。因每个历史人物或某一种类型的人物都有一种大概的谱式，就像唱歌、奏乐都要按照乐谱一样，所以称为"脸谱"。

红脸含有褒义，代表忠勇；黑脸为中性，代表猛智；蓝脸和绿脸都为中性，代表草莽英雄；黄脸和白脸含贬义，代表凶诈凶恶；金脸和银脸是神秘，代表神妖。

（3）经典京剧列举

①《沙家浜》，讲述了抗战时期，江南新四军浴血抗日，某部指导员郭建光带

领十八名新四军伤病员在沙家浜养伤，"忠义救国军"司令胡传魁、参谋长刁德一假意抗战，暗投日寇，地下共产党员阿庆嫂依靠以沙奶奶为代表的进步抗日群众，巧妙掩护了新四军伤病员安全伤愈归队，最终消灭了盘踞在沙家浜的日伪武装，继续为解放江南大好河山奋战的故事。

②《打金枝》，讲述唐代宗将女儿升平公主风风光光地嫁给了汾阳王郭子仪七子郭暧为妻。新婚燕尔，小两口浓情蜜意十分恩爱。可是这位刁蛮任性的公主却在公公郭子仪八十大寿之日，自恃皇家身份不前往拜寿，令郭暧颜面尽失，怒火冲天地回宫与公主理论。当暴躁的驸马碰上刁蛮的公主，这场吵吵闹闹的宫廷风波要如何收场呢？

③《霸王别姬》，是京剧艺术大师梅兰芳表演的梅派经典名剧之一。主角是西楚霸王项羽的爱妃虞姬。此剧又名《九里山》《楚汉争》《亡乌江》《十面埋伏》。清逸居士根据昆曲《千金记》和《史记·项羽本纪》编写而成，总共四本。1918年，由杨小楼、尚小云在北京首演。1922年2月15日，杨小楼与梅兰芳合作。齐如山、吴震修对《楚汉争》进行修改，更名为《霸王别姬》。

《霸王别姬》选段：

项羽（白）——看来今日，就是你我分别之日啊……

项羽（唱）——数十载恩情爱相亲相倚，眼见得孤与你就要分离。

（营外乌骓马嘶）

项羽（白）——忽听战马声嘶……马僮，将马牵上帐来！

（马僮牵马上）

项羽（白）——乌骓啊……乌骓！想你跟随孤家东征西讨，百战百胜，今被围垓下，就是你，也无用武之地了！

（唱）——乌骓马它定知大势去矣，故而你在篱下沙沙声嘶……

（乌骓嘶声愈烈，不肯退去。虞姬作手势叫马僮牵马出帐。马僮与马齐退下，项王追至帐门，久久伫足……）

虞姬（唤项羽回帐，白）——大王，大王！大王。

（项羽回过神来，缓步进帐）

虞姬（白）——好在这垓下之地，高冈绝岩，不易攻入，候得机会，再图破围求救，也还不迟……备得有酒，再与大王对饮几杯。

项羽（白）——如此，酒——来——

虞姬（白）——大王，请——

（两人移步桌前，斟酒）

虞姬（白）——大王请！

项羽（白）——妃子请！

项羽（白）——想俺项羽乎！

（唱）——力拔山兮气盖世，时不利兮骓不逝，骓不逝兮可奈何，虞兮虞兮奈若何？

虞姬（白）——大王慷慨悲歌，使人泪下。待妾妃歌舞一回，聊以解忧如何？

项羽（白）——如此有劳妃子！

虞姬（白）——如此妾妃献丑了！

（虞姬下，未几，持双剑复上，背对项羽抹泪……半晌，暗喊了一声"罢"，转身为项王舞剑）

虞姬（唱）——劝君王饮酒听虞歌，解君愁舞婆娑。嬴秦无道把江山破，英雄四路起干戈。自古常言不欺我，成败兴亡一刹那，宽心饮酒宝帐坐。

项羽（白）——有劳妃子。

2. 越剧

越剧是中国第二大剧种，有第二国剧之称，又被称作"流传最广的地方剧种"。"越剧"起源于"落地唱书"，又称它为"女子科班""绍兴女子文戏""的笃班""草台班戏""小歌班"等。1925 年 9 月 17 日，在小世界游乐场演出的"的笃班"，首次在《申报》广告上自称为"越剧"。中华人民共和国成立后，统一称为"越剧"。越剧被列为中国文化部第一批国家级非物质文化遗产。

越剧擅长抒情，以唱为主，声音优美动听，表演真切动人，唯美典雅，极具江南灵秀之气，多以"才子佳人"题材为主。

越剧著名剧目《追鱼》剧情介绍：

北宋嘉祐年间，应天府学子张珍之父与开封府金牡丹小姐之父金丞相原本乃是同窗好友，自幼指腹为婚。张珍父母去世后，家道衰败，金丞相嫌他贫穷便冷眼相待，并以"金家三代不招白衣婿"为由，命张珍独居后花园碧波潭畔草庐读书，伺机退婚。张珍独居客乡，遭受冷落，万般愁肠，经常在夜深人静时，到碧波潭自叹心事。碧波潭里的鲤鱼精见张珍纯朴，一表人才，不甘水府寂寥，便变作牡丹小姐的模样，去书房与张珍约会，两人情投意合，形影难分，遂约定每日二更在后花园相会，不料被真牡丹小姐发现并赶出金门。鲤鱼精见张珍受到冤屈，急忙出府找到张珍，巧言释去张珍的疑虑，表明自己愿随张珍回乡度日。一日，两人在街上欣赏花灯，被金丞相看见，金丞相误以为其女与张珍私奔，将他们两人双双抓回府内。到府内，真假牡丹相逢引起纷争，丞相府里的人无法识别，金丞相决定请包公来辨别。鲤鱼精见势不妙，急忙回到碧波潭邀请水族兄妹前来帮忙。师兄妹变作假包公，真假包公带着真假张龙、赵虎，一起来审真假牡丹。假包公暗示真包公，假牡丹情深义重，真牡丹嫌贫爱富，真包公因不愿拆散这对姻缘，便推辞不问。

后两人伺机逃跑，金丞相又请来张天师调动天兵天将捉拿张珍和鲤鱼精。张珍和鲤鱼精逃到荒郊，天兵紧紧追来，鲤鱼精见形势紧急，就将自己的真实身份告诉了张珍，张珍爱之更深。天兵天将凶猛追杀，鲤鱼精虽然发起洪水阻拦，但始终不能突出包围。危急时刻，观音菩萨前来相救，要度千年鲤鱼精到南海修炼成仙。鲤鱼精忠贞于自己的爱情，忍痛让观音菩萨拔掉了自己身上的三片金鳞，转为凡人，与张珍结为夫妻。从此，她与张珍同甘共苦，过着幸福美满的生活。

3. 黄梅戏

黄梅戏原名黄梅调、采茶戏等，起源于湖北黄梅，是安徽省的主要地方戏曲剧种。

黄梅戏的唱腔属板式变化体，有花腔、彩腔、主调三大腔系。花腔以演小戏为主，曲调健康朴实，优美欢快，具有浓厚的生活气息和民歌小调色彩。

黄梅戏语言以安庆地方语言为基础，属北方方言语系的江淮方言。其特点为唱词结构在整本戏多为七字句和十字句式。

黄梅戏角色行当的体制是在"二小戏""三小戏"的基础上发展起来的。上演整本大戏后，角色行当才逐渐发展成正旦、正生、小旦、小生、小丑、老旦、奶生、花脸诸行。

黄梅戏的服装是汉民族传统服饰的延续，以唐宋明时期的为多。较之京剧戏服，少了浓墨重彩、华丽妖冶，多了清雅秀丽、自然隽永，自成一段风流。

黄梅戏的优秀剧目有《天仙配》《牛郎织女》《槐荫记》《女驸马》《孟丽君》《夫妻观灯》《打猪草》《柳树井》《蓝桥会》《路遇》《王小六打豆腐》《小辞店》《玉堂春》等。

黄梅戏代表作《女驸马》是一部极富传奇色彩的古装戏，说的是湖北襄阳道台之女冯素贞与李兆廷自幼相爱，由母亲作主订亲。后来李家衰落，素贞母亲也去世。素贞继母嫌贫爱富，竟逼李兆廷退婚。素贞被逼女扮男装进京寻兄冯少英，又冒李兆廷的名字应试。不料竟中状元，被招为驸马。洞房之夜素贞将真情告诉公主。皇帝迫于形势赦免素贞，命李兆廷顶状元之名并与素贞完婚。公主也与改名做了八府巡按的冯少英成亲。《女驸马》中经典唱词"为救李郎离家园，谁料皇榜中状元。中状元，着红袍，帽插宫花好啊好新鲜"为大家熟知。

4. 评剧

评剧是流传于中国北方的一个戏曲剧种，是广大人民比较喜欢的剧种之一，它是清末在河北滦县一带小曲"对口莲花落"基础上形成，最初在河北农村流行，后进入唐山，又称"唐山落子"。评剧分为东路和西路两派，现在盛行的是东路评剧。

评剧的艺术特点是：以唱工见长，吐字清楚，唱词浅显易懂，演唱明白如诉，表演生活气息浓厚，有亲切的民间味道。它的形式活泼、自由，最善于表现当代人民生活，因此城市和乡村都有大量观众。

评剧的行当，也依据表演的需要吸取京、梆等剧种的行当分类经验，逐步形成生、旦、净、丑门类齐全的规模。

评剧《小女婿》剧情简介：

故事发生在新中国成立后东北地区的一个农村——杨家村。香草19岁，俊俏清秀，聪明能干，又善解人意。姑娘大了心事多，在互助组的生产劳动中她看中了朴实勤劳的田喜。两人心中都有意，这一天，香草收工回家，路过河边柳树下，一边想心事，一边等着田喜，准备把绣好的一个荷包给田喜，表达自己的心意。香草和田喜情投意合，私订终身，为防备节外生枝，他们相约暂时对双方父母保密，等水到渠成之后再谈婚嫁。可是偏偏这一切叫陈快腿给撞上了。

这件事惹恼了陈快腿。原来陈快腿嫌弃自己的丈夫陈二，早看上了田喜。今天见到二人私订终身，以为田喜因为爱上了香草才对自己冷淡，所以又气又恼，决定将香草保媒给罗寡妇 11 岁的儿子。于是陈快腿直奔杨家而去。听到香草爹杨发问香草，就借势发挥，添油加醋，说香草和田喜约会，村里人议论纷纷，不如趁早给她找个婆家，省得让人背后说闲话。陈快腿花言巧语，向杨家推荐了河西老罗家，并把罗家说得天花乱坠，却隐瞒了对方才 11 岁的年龄等真实情况。同时，男方呈现的双猪、双酒、双铺、双盖外加二十石粮食，丰富的彩礼让见钱眼开的杨发立即答应了婚事。

杨发迅速将女儿的婚事敲定，香草却死活不同意，情急之下跟爹妈挑明要嫁给田喜，一听田喜的名字，杨发气得指责女儿私订终身败坏家风，香草却说自己的婚姻自己做主，老人不懂新道理。就这样一场新旧婚姻观念的斗争，打破了田园的宁静。

杨发背着女儿香草写了婚书过了彩礼，并定下日子迎娶。香草找田喜商量，并表明坚决不嫁罗家的决心。情急之下田喜就拉着香草要找妇女主任作主，可是妇女主任去开会了。他俩又找了赵村长，可赵村长忙着搞生产竟没把这当回事儿，把他们给支走了。无奈之中，田喜要带香草到区政府讨公道，但香草又怕事情闹大了坏了名声，于是最后两人商定当晚三更田喜到香草家以拍窗户为号结伴出走，去区政府告状。回到家中，香草心潮起伏，思来想去，举棋不定，一边不忍心伤了父母的亲情，一边又怕辜负了田喜的爱情。但最后决定跟田喜去争取自己的幸福。

好事多磨，两人到区上告状的事被香草父亲发现，香草在昏迷状态下被强行抬上轿嫁到罗家，这时香草才知道夫婿只有 11 岁。

田喜得知香草出嫁的消息，非常痛苦。最后在区委书记的帮助下有情人还是终成良缘。

5. 豫剧

豫剧起源于中原（河南），是中国五大戏曲剧种之一，中国第一大地方剧种，在浙江各地广为流传，被西方人称赞是"东方咏叹调"。豫剧是在河南梆子的基础上不断继承、改革和创新发展起来的。新中国成立后因河南简称"豫"，故称豫剧。

豫剧因各地语音差异，在音乐上形成带有区域特色的艺术流派。清末民初，洛阳等地的豫剧多用下五音，而开封等地的豫剧多用上五音，形成鲜明对比。

豫剧角色行当由"生旦净丑"组成。按一般的说法是四生、四旦、四花脸。戏班组织也是按照"四生四旦四花脸，四兵四将四丫鬟；八个场面两箱官，外加四个杂役"的结构组成。

豫剧一向以唱见长，在剧情的节骨眼上都安排有大板唱腔，唱腔流畅、节奏鲜明、极具口语化，一般吐字清晰、行腔酣畅、易为听众听清，显示出特有的艺术魅力。豫剧的风格首先是富有激情奔放的阳刚之气，善于表演大气磅礴的大场面戏，具有强大的情感力度；其次是地方特色浓郁，质朴通俗、本色自然，紧贴老百姓的生活；再次是节奏鲜明强烈，矛盾冲突尖锐，故事情节有头有尾，人物性格大棱大角。

较有代表性的豫剧有《春秋配》《对花枪》《花木兰》《三上轿》《抬花轿》。

《对花枪》剧情简介：

《对花枪》又名《花枪缘》，是豫剧大师马金凤老师的代表作之一。剧情取自瓦岗寨传说的故事，另有同名京剧《对花枪》。

隋朝末年，罗艺进京赴考，途中病在姜家集，被姜桂芝父亲救回家中，并让女儿姜桂芝向罗艺传授姜家花枪。二人一同练习花枪，彼此爱慕，由姜父做主，结为夫妻。一年后，罗艺再次赴京应试时，姜桂芝已身怀有孕。离别后，音讯难通。姜桂芝父母亡故，携子离开

家乡，流落在龙口村。隋朝战乱四起，罗艺投奔瓦岗寨，又娶秦氏，生子罗成。

四十年后，瓦岗寨史大奈、尤俊达到龙口村借粮，姜桂芝因而得知罗艺在瓦岗寨，遂带子罗松、孙罗焕投瓦岗以求团聚。罗艺既怕见责于秦氏和儿子罗成，又怕在众人面前有失自己长者尊严，因而矢口否认和姜桂芝的姻缘。

姜桂芝见罗艺忘了前情，气愤至极，披甲上马，定要在瓦岗寨众将面前和罗艺比武对花枪。罗艺无奈只好应战，结果被姜桂芝打下马来，罗艺羞愧万分，乃认妻谢罪。姜桂芝在众人劝解之下与罗艺重归旧好，一对老夫妻又得团圆。

（二）其他著名戏曲列举

1. 川剧

川剧是中国戏曲宝库中的一颗光彩照人的明珠。它历史悠久，保存了不少优秀的传统剧目以及丰富的乐曲和精湛的表演艺术。它是四川、重庆、云南、贵州等西南几省人民所喜见乐闻的民族民间艺术。

成都是戏剧之乡。川剧是四川文化的一大特色。早在唐代就有"蜀戏冠天下"的说法。清代乾隆时在本地车灯戏基础上，吸收融汇苏、赣、皖、鄂、陕、甘各地声腔，形成含有高腔、胡琴、昆腔、灯戏、弹戏五种声腔的用四川话演唱的"川剧"。其中川剧高腔曲牌丰富，唱腔美妙动人，最具地方特色，是川剧的主要演唱形式。川剧语言生动活泼、幽默风趣，充满鲜明的地方色彩、浓郁的生活气息和广泛的群众基础。常见于舞台的剧目就有数百，唱、做、念、打齐全，妙语幽默连篇，器乐帮腔烘托，"变脸""喷火""水袖"等独树一帜。

经典川剧曲目有《白蛇传》《柳荫记》《御河桥》《武松杀嫂》《五台会兄》。

《白蛇传》剧情简介：

天宇浩渺，佛殿庄严。美丽的白蛇仙姑因爱恋桂枝罗汉，被如来佛幽禁于西天白莲池。她愤而挣断锁链，奔向人间。桂枝罗汉为其求情，亦被如来佛贬入尘寰。途中，恰逢义勇兼备的青蛇，爱慕白蛇貌美而拦道求婚，白蛇施展武艺，将其降服，青蛇幻化作婢女紧随其前后。在青蛇的鼎力相助下，白蛇与凡间的许仙（即桂枝罗汉）结为伉俪。

邪恶的禅师法海奉如来佛旨意，尾随下凡，屡施暗害，蒙骗许仙，以致拆散美满姻缘将许仙挟持至金山寺。

白蛇为维护纯真的爱情，召来众水族，与法海斗法，并与天兵天将展开生死搏斗，最后夫妻团聚。

这是中国民间流传久远的白蛇与许仙真诚相爱的优秀神话故事，而川剧《白蛇传》又独具奇异的艺术风采，与其他戏曲剧种不同的是川剧《白蛇传》更注重武打和做工，青蛇这一角色也很有特点，文戏时是妩媚的小丫鬟，武戏时则变为勇武的男将，这一点是川剧《白蛇传》所特有的。

另外，戏中穿插有川剧"变脸"等绝活，戏剧场面宏大、壮丽，全不似一般曲折委婉的爱情戏，给人以激烈壮美的感觉。

《柳荫记》剧情简介：

《柳荫记》原名《双蝴蝶》，又名《梁山伯与祝英台》。

两晋或南北朝时期，祝英台女扮男装到杭州尼山读书，途中遇见青年书生梁山伯，二人相见十分投缘，在柳荫下结拜兄弟。

梁山伯与祝英台同窗三年，友谊真挚。三年后，祝英台要返家中，梁山伯特地送行。路上，祝英台借物吟诗，暗示自己是个女子，想把自己终身许配梁山伯。但梁山伯并不理解。无奈祝英台只好假言家中有一九妹，望梁山伯请媒人下聘。

祝英台回到家中，得知父亲已将自己的终身许配给马太守之子文才，心中十分痛苦。梁山伯应约来到祝家，与祝英台楼台相见，知九妹就是祝英台，又惊又喜，后又知祝英台已许配马家，懊丧万分，归家后卧床不起，不久抱恨而亡。

祝英台得知梁山伯的死讯，悲痛欲绝。她向父亲提出，必须允许身穿孝服，到梁山伯坟前祭奠，方能出嫁，其父只好同意。当祝英台来到梁山伯坟前，忽然狂风四起，雷电交加，坟墓裂开，祝英台纵身跃入墓中。霎时，雨过天晴，一双蝴蝶从墓中飞出，蹁跹飞舞。

2. 昆曲

昆曲，原名"昆山腔""昆腔"，是中国古老的戏曲声腔、剧种，现又被称为"昆剧"。昆曲是汉族传统戏曲中最古老的剧种之一，也是汉族传统文化艺术，特别是戏曲艺术中的珍品，被称为百花园中的一朵"兰花"。

昆曲糅合了唱念做打、舞蹈及武术等元素，以曲词典雅、行腔婉转、表演细腻著称，被誉为"百戏之祖"。昆曲以鼓、板控制演唱节奏，以曲笛、三弦等为主要伴奏乐器。昆曲在 2001 年被联合国教科文组织列为"人类口述和非物质遗产代表作"。

昆曲在长期的演出实践中，积累了大量的上演剧目，其中有影响而又经常演出的剧目，如汤显祖（汤显祖，中国明代戏曲家、文学家，被誉为"东方的莎士比亚"）的《牡丹亭》《紫钗记》《邯郸记》《南柯记》，沈璟的《义侠记》等，高濂的《玉簪记》，李渔的《风筝误》，朱素臣的《十五贯》，孔尚任的《桃花扇》，洪升的《长生殿》等。

《牡丹亭》剧情简介：

故事发生在南北朝时期，女主人公杜丽娘天生丽质而又多愁善感，豆蔻年华的她，正是情窦初开的怀春时节，却为家中的封建礼教所禁锢，不能得到自由和爱情。一日，杜丽娘当太守的父亲杜宝聘请一位老师陈最良来给她教学授课，这位迂腐的老先生第一次讲解《诗经》的"关关雎鸠"，就触动了杜丽娘心中的情丝。

数日后，杜丽娘到后花园踏春归来，因困乏倒头睡在了床上，不一会儿见一书生拿着柳枝来请她作诗。待她一觉醒来，方知是南柯一梦。她为寻梦追寻到牡丹亭，却未见那书生，心中好不郁闷。渐渐地这思恋成了心头病，最后无药可治竟然这样死去了。

杜丽娘的父亲这时升任淮扬安抚使，临行前就将女儿葬在后花园梅树下，并修成"梅花庵观"一座，让一老道姑看守。而杜丽娘死后，游魂来到地府，判官问明她死亡原因，查明婚姻簿上，有她和新科状元柳梦梅结亲之事，便准许放她回返人间。

此时书生柳梦梅赴京应试，途中感风寒，卧病住进梅花庵中。病愈后他在庵里与杜丽娘的游魂相遇，二人恩恩爱爱，如漆似胶地过起了夫妻生活。不久，此事被老道姑察觉，柳梦梅与她说明了实情，并和她秘议请人掘了杜丽娘坟墓，杜丽娘得以重见天日，并且复生如初。两人随即做了真夫妻，一起来到京都，柳梦梅参加了进士考试。

考完后柳梦梅来到淮扬，找到杜府，却被杜巡抚盘问审讯，柳梦梅自称是杜家女婿，杜巡抚非常生气，认为这儒生简直在说梦话，因他女儿三年前就死了，如何现在能复生，而且又听说女儿杜丽娘的墓被该人挖掘，因而判了他斩刑。

正在审讯拷打的时候，朝廷派人陪着柳梦梅的家属找到杜府上，报知柳梦梅中了状元，柳梦梅这才得以脱身。但杜巡抚还是不信女儿会复活，并且怀疑这状元郎也是妖精，于是写了奏本请皇上公断。皇帝传杜丽娘来到公堂，在"照妖镜"前验明果然是真人身，于是下旨让父子夫妻都相认。一段生而复死，死而复生的姻缘故事就这样以大团圆作了结局。

《牡丹亭》美句：

①原来姹紫嫣红开遍，似这般都付与断井颓垣，良辰美景奈何天，赏心乐事谁家院！朝飞暮卷，云霞翠轩；雨丝风片，烟波画船——锦屏人忒看的这韶光贱！

②情不知所起，一往而深，生者可以死，死可以生。生而不可与死，死而不可复生者，皆非情之至也。

③梦短梦长俱是梦，年来年去是何年。

3. 湘剧

湘剧是湖南地方大戏种之一，主要流行于长沙所辖各地，已有五六百年的历史。湘剧的特点是多声腔融合在同一戏中。它是由外来声腔和表演艺术与本地民间艺术、方言融会而成，它包括高（腔）、低（低牌子）、昆（昆曲）、乱（乱弹又名南北路）四大声腔。

湘剧以长沙"官话"（中州韵）为舞台标准语言，由于声腔来源不同，剧目各异，相互影响，彼此交融，在剧目和唱腔上不断发展创新，逐渐形成了长沙地方特色。其剧目多取材于历史演义、章回小说，也有少数反映民间现实生活的戏，剧目达1100多个。唱腔宽厚淳美，韵调奔放，做功细腻。其中《拜月记》《生死牌》已拍成舞台艺术片，流行全国。而新创作的剧目《山乡巨变》《园丁之歌》被其他剧种移植，具有广泛的影响。

《拜月记》剧情简介：

某朝，外患战乱，逼近中都，中都百姓纷纷向南逃避。王尚书之女瑞兰，兵荒马乱时与母亲失散，途中遇一秀才蒋世隆，蒋世隆亦在寻找丢失了的妹妹，两人便结伴同行，一路上互助互依，在客栈中结为夫妇。

不久，战乱平定，百姓们先后还乡。蒋世隆因受了风寒，病倒在招商客店，瑞兰悉心服侍，百般安慰，夫妻俩恩爱万分。

一日，王尚书从边关回朝，路过客店，父女久别重逢，悲喜交集。瑞兰向父亲说明在患难中与蒋世隆结合之事，苦苦哀求父亲带他一起回去，哪知王尚书嫌蒋世隆贫寒，认为多少秀才都是穷愁老死，难得名标金榜，还说私订终身，不成婚配，并仗势要将蒋世隆交本地衙门重办。

瑞兰痛绝晕倒，王尚书撇下了重病的蒋世隆，强迫瑞兰回京，半路上他们巧遇王夫人。

原来王夫人寻不着瑞兰，却在古庙中碰见了蒋世隆的妹妹蒋瑞莲，王夫人可怜她孤苦伶仃，便认作义女，取名王瑞芳，一同逃生。

王尚书领了夫人和女儿，回朝复旨，定居在汴京。这时，王尚书又升为宰相，认为自己位高显赫，有意要给瑞兰另择乘龙快婿。

瑞兰内心却十分悲苦，她日夜思念蒋世隆，每当月夜，更有诉不尽的离愁、说不尽的哀怨，往往背人对月祷告，盼望早日与蒋郎重逢。

蒋世隆在客店得到店主照顾，很快痊愈。从此苦苦攻读，进京赴考，中了状元。

王相国奉旨招赘新科状元为婿，正在沾沾自喜，岂知瑞兰执意抗婚，新科状元也不肯应承。王相国无奈，次日请状元到府中吃酒，询问他拒婚原委。状元叙说了自己与瑞兰被活活拆散的经过，王相国听了，才知自己当年瞧不起的穷秀才今天却变成了状元。他满面羞惭，硬着头皮叫义女瑞芳出来认兄。瑞芳见了哥哥，说出嫂嫂瑞兰就是王相国的女儿，蒋世隆又惊又喜，拜了岳父岳母，急忙到后花园与瑞兰团聚。

4. 花鼓戏

花鼓戏是全国地方戏曲中同名最多的剧种，通常特指湖南花鼓戏。湖北、安徽、江西、河南、陕西等省也有同名的地方剧种。在众多名为"花鼓戏"的地方戏曲剧种中，属湖南花鼓戏流传最广、影响最大。湖南花鼓戏蕴含了各个地方独特的艺术表现形式，吸收了各种民间艺术的精华，是地方传统文化的一块瑰宝。

　　湖南各地的花鼓戏剧目有400余部，大多是反映人民劳动、男女爱情和家庭矛盾的，如《雪梅教子》《鞭打芦花》《绣荷包》《赶子上路》《刘海砍樵》《补锅》《告经承》《荞麦记》《酒醉花魁》等。

　　《刘海砍樵》剧情简介：

　　古时候，常德城武陵区丝瓜井旁，住着刘海母子俩。刘母因思念亡夫，哭瞎了眼睛。刘海非常勤劳孝顺，天天上山砍柴，奉养老母。在刘海砍柴的大高山、小高山一带，住着一只多年修炼的狐狸精，她炼成宝珠一颗，含在口中可化身人形。此时她已成半仙，若再修炼几百年，便可成仙上天。但她非常敬佩刘海的为人，就起了思凡之心，取名胡秀英，并暗中帮助刘海。一天，刘海卖柴回家，路遇胡秀英，互道姓名及家境后，胡秀英向刘海吐露爱慕之情，执意要嫁给刘海。但是憨厚朴实的刘海，怕连累胡秀英受苦，几番推辞，后见胡秀英一片真心，才答应与胡秀英成亲。回到家后，刘海告诉母亲，母亲也很喜欢，同意了他们的婚事。刘海于是去位于城中心的鸡鹅巷置办东西结婚。鸡鹅巷旁边有个小庙，庙里有十八个罗汉。其中十罗汉带着一群弟子（金蟾）也在暗中修炼。他炼得一串金钱，也已成半仙，如能得到胡秀英的宝珠，就能即刻成仙升天。十罗汉见胡秀英和刘海成婚，遂起了歹心，他带领弟子抢走了胡秀英的宝珠。胡秀英失去宝珠就会现出原形，无奈之下只好把实情告诉了刘海。刘海知道后，没有怪胡秀英，他拿起家中砍柴的石斧去斗十罗汉，最终在斧头神和胡秀英众姐妹的帮助下，刘海打败了他们，拿到了宝珠。从此，他们过着男耕女织的幸福生活。

5. 皮影戏

　　皮影戏是中国一种民间艺术形式。皮影戏又称"影子戏"或"灯影戏"，是一种以兽皮或纸板做成的人物剪影来表演故事的民间戏剧。表演时，艺人们在白色幕布后面，一边操纵影人，一边用当地流行的曲调讲述故事，同时配以打击乐器和弦乐，有浓厚的乡土气息。皮影戏流行范围极为广泛，并因各地所演的声腔不同而形成风格多样的皮影戏。

　　尽管各地的皮影都有自己的特色，但是皮影的制作

程序大多相同，通常要经过选皮、制皮、画稿、过稿、镂刻、敷彩、发汗熨平、缀结合成八道工序，手工雕刻 3000 余刀，是一个复杂奇妙的过程。皮影的艺术创意汲取了中国汉代帛画、画像石、画像砖和唐、宋寺院壁画之手法与风格。

皮影戏的演出，有历史演义戏、民间传说戏、武侠公案戏、爱情故事戏、神话寓言戏、时装现代戏等，无所不有。折子戏、单本戏和连本戏的剧目繁多，数不胜数。常见的传统剧目有《白蛇传》《拾玉镯》《西厢记》《秦香莲》《牛郎织女》《杨家将》《岳飞传》《水浒传》《三国演义》《西游记》《封神榜》等。

第六章　中国传统节日

一、中国传统节日概述

中国传统节日，形式多样、内容丰富，是中华民族悠久历史文化的重要组成部分。传统节日的形成，是一个民族或国家历史文化长期积淀凝聚的过程。中华民族的古老传统节日，涵盖了原始信仰、祭祀文化、天文历法、易理术数等人文与自然文化内容，蕴含着深邃丰厚的文化内涵。

中国的传统节日主要有春节（正月初一）、元宵节（正月十五）、清明节（公历4月5日前后）、端午节（农历五月初五）、七夕节（农历七月初七）、中秋节（农历八月十五）、重阳节（农历九月初九）、冬至节（公历12月22日前后）、除夕（农历年尾最后一天）等。

另外，二十四节气中，也有个别既是自然节气点，也是传统节日，如清明、冬至等，这些节日兼具自然与人文两大内涵。此外，中国各少数民族也都保留着自己的传统节日，如傣族的泼水节、蒙古族的那达慕大会、彝族的火把节、瑶族的达努节、白族的三月街、壮族的歌圩、藏族的藏历年和望果节、苗族的跳花节等。

1. 传统节日的形成

古老传统节日的起源和传承发展，是人类社会"逐渐形成、逐渐完善的文化过程"，是人类文明进化发展的产物。现代人类学、考古学的研究成果表明，人类最原始的两种信仰：一是天地信仰，二是祖先信仰。天地信仰和祖先信仰产生于人类初期对自然界以及祖先的崇拜，由此产生了各种崇拜祭祀活动。祭祀是一种信仰活动，源于天地和谐共生的信仰信念。古老节日是人们基于原始信仰以及为了适应生活需要而创造的民俗文化，古时候一些流传至今的节俗活动，清晰地记录着古人丰富多彩的社会生活内容，也积淀着博大精深的中国历史文化内涵。

2. 传统节日的发展

大部分节日习俗在上古时代就已初露端倪，但是其中风俗内容的丰富与流行，经过了一个漫长的发展过程。最早的风俗活动和原始崇拜、迷信禁忌有关，神话传奇故事为节日平添了几分浪漫色彩。也有宗教对节日的冲击与影响，一些历史人物也被赋予永恒的纪念而渗入节日。所有这些，都融合凝聚在节日的内容里，使中国的节日有了深沉的历史感。每个传统节日有每个节日的活动载体，如灯会、扒龙舟、拜神祭祖等。大部分传统节日形成于上古时代，先秦时期由于南北风俗各异，各地的风俗尚未融合普及，很多古已有之的节俗活动在中原文献鲜有记载。汉代是中国统一后第一个大发展时期，南北经济文化交流使风俗习惯也互相融合，为节日习俗的传播普及提供了良好的社会条件。汉代后南北文化交流使节俗融合传播更进一步，主要的传统节日已经普及全国各地。节日发展到唐代，由庄重严肃的原始祭拜型向娱乐礼仪型转变。从此，节日变得丰富多彩，许多体育、娱乐活动内容出现，并很快成为一种时尚流行开来，这些风俗一直延续发展，经久不衰。唐代是传统节日习俗糅合定型的重要时期，其主体部分传承至今。在历史演变中，由于朝代更迭、历法变动，有些节日在日期上也有改动。

在漫长的历史长河中，文人雅士、诗人墨客，为一个个节日谱写了许多千古名篇。这些诗文脍炙人口，被广为传颂，使中国的传统节日渗透出深厚的文化底蕴，精彩浪漫。在历史发展演变中，也有一些传统节日被附会上"避瘟""避恶"等沉重色彩的故事传说作为节日"起源"。经查考，这些故事传说远远晚于节日诞生，是后世建构出来的。附会的这些"避瘟避恶"故事与节日内涵冲突，不利于优秀传统文化的彰显以及传统节日的传承与弘扬。

二、中国传统节日列举

（一）春节

1. 春节名片

春节别称新春、年节、新禧、岁节、新年、大年。节日时间是农历正月初一，是中华民族最隆重的传统节日，是象征团圆、兴旺及对未来寄托新的希望的佳节。节日起源于岁首祈年祭祀。春节是一个欢乐祥和、亲朋好友欢聚的节日，是人们增进感情的纽带。在中国民间，传统意义上的春节是指从腊月初八的腊祭或腊月二十三／二十四的祭灶，一直到正月十五，其中以除夕和正月初一为高潮。

据不完全统计，已有近20个国家和地区把中国春节定为整体或者所辖部分城市的法定节假日。春节与清明节、端午节、中秋节并称为中国四大传统节日。

2. 春节传说

关于春节的来由，由于缺失上古时期文献，无法直接考证其源流，在传承发展中便产生了诸多传说，这里仅介绍一个流传较久的传说。

相传，在古时候，有个名叫万年的青年，看到当时节令很乱，就有了把节令进行定准的打算。一天，他坐在树荫下休息，树影的移动启发了他，他设计了一个测日影计天时的晷仪，测定一天的时间。后来，山崖上的滴泉启发了他的灵感，他又动手做了一个五层漏壶来计算时间。天长日久，他发现每隔三百六十多天，四季就轮回一次，天时的长短就重复一遍。

万年带着日晷和漏壶去见皇上祖乙，对其讲清了日月运行的道理。祖乙听后感到有道理，于是把万年留下，在天坛前修建日月阁，筑起日晷台和漏壶亭，并希望能测准日月规律，推算出准确的晨夕时间，创建历法，为天下的黎民百姓造福。

有一次，祖乙去了解万年测试历法的进展情况。当他登上日月坛时，看见天坛边的石壁上刻着一首诗：

日出日落三百六，周而复始从头来。

草木枯荣分四时，一岁月有十二圆。

祖乙知道万年创建历法已成，亲自登上日月阁看望万年。万年指着天象，对祖乙说："现在正是十二个月满，旧岁已完，新春复始，祈请国君定个节吧。"祖乙说："春为岁首，就叫春节吧。"

中华文化源远流长、博大精深，春节文化作为中华悠久历史文化的重要组成部分，它的形成涵盖了人文哲学、天文星象等方面的内容，蕴含着深邃丰厚的文化内涵。古老传统节日重视信仰与祭祀活动，敬天法祖是古老传统节日的核心，春节并非因故事传说而形成。

3. 春节习俗

节日活动多表现为贴春联年画、扫尘、守岁、拜年、祭祀、舞狮、接财神等；节日饮食多以茶果点心、年糕、饺子、春卷、汤圆为主。

春节习俗中的年夜饭，又称年晚饭、团年饭、团圆饭等，特指岁末除夕的阖家聚餐。年夜饭源于古代的年终祭祀仪，拜祭神灵后与祖先团圆聚餐。年夜饭是年前的

重头戏，不但丰富多彩，而且很有讲究。吃团年饭前先拜神祭祖，待拜祭仪式完毕后才开饭。席上一般有鸡（寓意有计）、鱼（寓意年年有余）、蚝豉（寓意好市）、发菜（寓意发财）、腐竹（寓意富足）、莲藕（寓意聪明）、生菜（寓意生财）、生蒜（寓意会计算）、腊肠（寓意长久）等以求吉利。中国人的年夜饭是家人的团圆聚餐，也是年尾最丰盛、最重要的一顿晚餐。

4. 春节与文学

（1）相关诗词

元 日

王安石（宋）

爆竹声中一岁除，春风送暖入屠苏。

千门万户曈曈日，总把新桃换旧符。

译文： 阵阵轰鸣的爆竹声中，旧的一年已经过去；和暖的春风吹来了新年，人们欢乐地畅饮着新酿的屠苏酒。初升的太阳照耀着千家万户，他们都忙着把旧的桃符取下，换上新的桃符。

（2）传统民谣

"二十三，祭灶官；二十四，扫房子；二十五，磨豆腐；二十六，去割肉；二十七，杀只鸡；二十八，蒸枣花；二十九，去打酒；年三十儿，捏造鼻儿（饺子）；初一撅着屁股乱作揖儿。"

（二）元宵节

1. 元宵节名片

元宵节又称小正月、元夕或灯节，为每年农历正月十五日，是中国传统节日之一。正月是农历的元月，古人称"夜"为"宵"，正月十五日是一年中第一个月圆之夜，所以称正月十五为"元宵节"。

2. 元宵节传说

传说元宵节是汉文帝时为纪念"平吕"而设。汉高祖刘邦死后，吕后之子刘盈登基为汉惠帝，惠帝生性懦弱，优柔寡断，大权渐渐落在吕后手中。汉惠帝病死后吕后独揽朝政，把刘氏天下变成了吕氏天下，朝中老臣、刘氏宗室深感愤慨，但都惧怕吕后残暴而敢怒不敢言。

吕后病死后，诸吕惶惶不安，害怕遭到伤害和排挤。于是，在上将军吕禄家中秘密集合，共谋作乱之事，以便彻底夺取刘氏江山。此事传至刘氏宗室齐王刘襄耳中，刘襄为保刘氏江山，决定起兵讨伐诸吕。随后他与开国老臣周勃、陈平取得联系，设计解除了吕禄，"诸吕之乱"终于被彻底平定。

平乱之后，众臣拥立刘邦的第二个儿子刘恒登基，称汉文帝。文帝深感太平盛世来之不易，便把平息"诸吕之乱"的正月十五定为与民同乐日，京城里家家张灯结彩，以示庆祝。从此，正月十五便成了一个普天同庆的民间节日——"闹元宵"。

3. 元宵节习俗

中国幅员辽阔，历史悠久，所以关于元宵节的习俗在全国各地也不尽相同，其中主要有赏花灯、吃汤圆、猜灯谜、放烟花等一系列传统民俗活动。此外，不少地方元宵节还增加了耍龙灯、耍狮子、踩高跷、划旱船、扭秧歌、打太平鼓等传统民俗表演。

4. 元宵节与文学

正月十五夜

苏味道（唐）

火树银花合，星桥铁锁开。

暗尘随马去，明月逐人来。

游伎皆秾李，行歌尽落梅。

金吾不禁夜，玉漏莫相催。

译文： 正月十五之夜，到处灯火灿烂。城门打开铁锁，红光辉映石桥。马蹄踏过处，尘土飞扬。歌女花枝招展，边走边唱《梅花落》。禁卫军特许通宵欢庆，计时器不要紧催天亮。

生查子·元夕

欧阳修（宋）

去年元夜时，花市灯如昼。

月上柳梢头，人约黄昏后。

今年元夜时，月与灯依旧。

不见去年人，泪湿春衫袖。

译文：去年正月十五元宵节，花市灯光像白天一样雪亮。月儿升起在柳树梢头，他约我黄昏以后同叙衷肠。今年正月十五元宵节，月光与灯光仍同去年一样。再也看不到去年的情人，泪珠儿不觉湿透衣裳。

（三）清明节

1. 清明节名片

清明节又称踏青节、行清节、三月节、祭祖节。清明节源自上古时代的春祭活动，兼具自然与人文两大内涵，既是自然节气点，也是传统节日。清明节是传统的重大春祭节日，扫墓祭祀、缅怀祖先，是中华民族数千年来的优良传统。清明节气处在公历4月5日前后，即春分后第15日。这一时节，生气旺盛、阴气衰退，万物"吐故纳新"，大地呈现春和景明之象，正是郊外踏青春游与行清墓祭的好时节。清明祭祖节期很长，有10日前8日后及10日前10日后两种说法，这近20天内均属清明祭祖节期内。清明节的节俗丰富，扫墓祭祖与踏青郊游是清明节的两大礼俗主题，这两大礼俗主题在中国自古传承，至今不辍。

2. 清明节传说

相传春秋时期，晋公子重耳为逃避迫害而流亡国外。流亡途中，在一处渺无人烟的地方，又累又饿，再也无力站起来。随臣找了半天也找不到一点吃的，正在大家万分焦急的时候，随臣介子推走到僻静处，从自己的大腿上割下了一块肉，煮了一碗肉汤让公子喝了，重耳渐渐恢复了精神。当重耳发现肉是介子推从自己腿上割下的时候，流下了眼泪。19年后，重耳做了国君，也就是历史上的晋文公。即位后，文公重赏了当初伴随他流亡的功臣，唯独忘了介子推。很多人为介子推鸣不平，劝他面君讨赏，然而介子推最鄙视那些争功讨赏的人，他打好行装，同母亲悄悄地到绵山隐居去了。晋文公听说后，羞愧莫及，亲自带人去请介子推，然而介子推已离家去了绵山。绵山山高路险，树木茂密，找寻两个人谈何容易，有人献计，从三面火烧绵山，逼出介子推。大火烧遍绵山，却没见介子推的身影，火熄后，人们才发现背着老母亲的介子推坐在一棵老柳树下死了。晋文公见状，恸哭。装殓时，从树洞里发现一血书，上写道："割肉奉君尽丹心，但愿主公常清明。"为纪念介子推，晋文公下令将这一天定为"寒食节"。第二年，晋文公率众臣登山祭奠，发现老柳树死而复活，便赐老柳树为"清明柳"，并晓谕天下，把寒食节的后一天定为"清明节"。

据记载，介子推在历史上确有其人，但在《左传》《史记》等史书的记载中，并没有介子推被焚山而死的情节。并且寒食节起源于纪念介子推这一说法，最早也要到两汉之交才有记载（见于桓谭《新论》）。许多学者认为这是后人为了解释寒食节附会而来的。据考证，清明节的起源其实与介子推无关。清明作为一个春祭大节，远在周代之前已经确定。中国地域辽阔，先秦时期南北风俗各异，文献上主要记载北俗，唐代是各地墓祭风俗融合时期，此后清明节的墓祭节俗渐出现于文献上。在历史发展演变中，传统节日大多会被附会一个传说作为"起源"，但实际考察，这些说法远远晚于节日诞生，是后世构建出来的。

3. 清明节习俗

节日活动：踏青、植树、放风筝、扫墓祭祖、插柳、拔河、荡秋千、蹴鞠等。

节令食品：由于寒食节与清明节合二为一的关系，我国北方一些地方还保留着清明节吃冷食的习惯。我国南方部分地区清明节时有吃青团的风俗，青团又称清明饼、棉菜馍糍、茨壳粿、清明粑、艾叶粑粑、艾糍、清明果、菠菠粿、清明粿、艾叶糍粑、艾粄、艾草糕、清明团子、暖菇包、艾草青团等。

4. 清明节与文学

（1）相关诗词

清明

杜牧（唐）

清明时节雨纷纷，路上行人欲断魂。

借问酒家何处有？牧童遥指杏花村。

译文： 江南清明时节细雨纷纷飘洒，路上羁旅行人个个落魄断魂。询问当地之人何处买酒浇愁？牧童笑而不答，指了指杏花深处的村庄。

破阵子·春景

晏殊（宋）

燕子来时新社，梨花落后清明。池上碧苔三四点，叶底黄鹂一两声。日长飞絮轻。

巧笑东邻女伴，采桑径里逢迎。疑怪昨宵春梦好，元是今朝斗草赢。笑从双脸生。

译文： 燕子飞回来的时候正赶上春季祭祀的日子，梨花落去之后又迎来了清明。三四片碧绿的青苔点缀着池中清水，栖息在树叶下的黄鹂偶尔歌唱两声，柳絮也随风轻轻地飞舞着。

在采桑的路上邂逅了东邻女伴，她笑得如花般灿烂。正疑惑着她是不是昨晚做了个春宵美梦，原来是今天斗草获得胜利了啊！双颊不由地浮现出了笑意。

（2）清明节谚语

雨打清明前，洼地好种田（黑）

清明雨星星，一棵高粱打一升（黑）

清明宜晴，谷雨宜雨（赣）

清明冷，好年景（辽、冀）

清明南风，夏水较多；清明北风，夏水较少（闽）

（四）端午节

1. 端午节名片

端午节别称端阳节、午日节、龙舟节、天中节等。节日时间是农历五月初五，节日起源于天象崇拜、龙图腾祭祀。端午节与春节、清明节、中秋节并称为中国汉族的四大传统节日。端午节在传承发展中将多种民俗糅为一体，节俗内容丰富，赛龙舟与吃粽子这两大传统礼俗主题在中国自古传承，至今不辍。

2. 端午节传说

据《史记》"屈原贾生列传"记载，屈原（约前340—前278），名平，字原，战国末期楚国丹阳（今湖北宜昌秭归）人，是春秋时期楚怀王的大臣。

相传，屈原倡导举贤授能，富国强兵，力主联齐抗秦，遭到贵族子兰等人的强烈反对，屈原遭馋去职，被赶出都城，流放到沅、湘流域。他在流放中，写下了忧国忧民的《离骚》《天问》《九歌》等诗篇。公元前278 年，秦军攻破楚国郢都，屈原眼看自己的祖国被侵略，心如刀割，但是始终不忍舍弃自己的祖国，于五月五日（农历），在写下了绝笔作《怀沙》之后，抱石投汨罗江自尽，以自己的生命谱写了一曲壮丽的爱国主义乐章。屈原投江后，当地百姓闻讯马上划船捞救，一直行至洞庭湖，始终不见屈原的尸体。为了寄托哀思，人们荡舟江河之上，此后才逐渐发展成为龙舟竞赛。百姓们又怕江河里的鱼吃掉他的身体，就纷纷回家拿来米团投入江中，以免鱼虾糟蹋屈原的尸体，后来就演变成了吃粽子的习俗。

3. 端午节习俗

民俗活动：扒龙舟、挂艾草与菖蒲、吃粽子、端午浴（沐兰汤）、放纸鸢、拴五色丝线、戴香包、采药、制凉茶、饮蒲酒（雄黄酒、朱砂酒）、打马球等。

特色饮食：粽子、五黄（黄鱼、黄瓜、黄鳝、鸭蛋黄、雄黄酒）、打糕。

4. 端午节与文学

（1）相关诗词

渔家傲·五月榴花妖艳烘
欧阳修（宋）

五月榴花妖艳烘。绿杨带雨垂垂重。五色新丝缠角粽。金盘送。生绡画扇盘双凤。

正是浴兰时节动。菖蒲酒美清尊共。叶里黄鹂时一弄。犹曹怵。等闲惊破纱窗梦。

译文：五月是石榴花开的季节，杨柳被细雨润湿，枝叶低低沉沉地垂着。人们用五彩的丝线包扎多角形的粽子，煮熟了盛进镀金的盘子里，送给闺中女子。

这一天正是端午，人们沐浴更衣，想祛除身上的污垢和秽气，举杯饮下雄黄酒以驱邪避害。不时地，窗外树丛中黄鹂鸟儿鸣唱声，打破闺中的宁静，打破了那纱窗后手持双凤绢扇的睡眼惺忪的女子的美梦。

和端午

张耒（宋）

竞渡深悲千载冤，忠魂一去讵能还。

国亡身殒今何有，只留离骚在世间。

译文：龙舟竞赛是为深切悲念屈原的千古奇冤，忠烈之魂一去千载，哪里还能回还啊？国破身死如今还能有什么呢？唉！只留下千古绝唱之离骚在人世间了！

（2）相关谚语

粽子香，香厨房。艾叶香，香满堂。桃枝插在大门上，出门一望麦儿黄。这儿端阳，那儿端阳，处处都端阳。

癞蛤蟆躲端午——躲过初一，躲不过十五。（歇后语）

（五）七夕节

1. 七夕节名片

七夕节又称七巧节、乞巧节、双七、七姐诞等，该节日在农历七月初七，因为此日活动的主要参与者是少女，而节日活动的内容又是以乞巧（乞求变得心灵手巧）为主，所以人们称这天为"乞巧节"或"少女节""女儿节"。

七夕节以牛郎织女的民间传说为载体，表达的是已婚男女之间不离不弃、白头偕老的情感，恪守的是双方对爱的承诺。随着时间演变，七夕节现已成为中国的情人节。

2. 七夕节传说

七夕节始终和牛郎织女的传说相连，这是一个美丽的、千古流传的爱情故事，是我国四大民间爱情传说之一。

相传在很早以前，南阳城西牛家庄里有个聪明、忠厚的小伙子，父母早亡，只好跟着哥哥嫂子度日。嫂子马氏为人狠毒，经常虐待他，逼他干很多活。一年秋天，嫂子逼他去放牛，给他九头牛，却让他等有了十头牛时才能回家，牛郎无奈只好赶着牛出了村。

牛郎独自一人赶着牛进了山，在草深林密的山上，他坐在树下伤心，这时，有位须发皆白的老人出现在他的面前，问他为何伤心。当得知他的遭遇后，老人笑着对他说："别难过，在伏牛山里有一头病倒的老牛，你去好好喂养它，等老牛病好以后，你就可以赶着它回家了。"

牛郎翻山越岭，走了很远的路，终于找到了那头有病的老牛，他看到老牛病得厉害，就去给老牛打来一捆捆草，一连喂了三天。老牛吃饱了，才抬起头告诉他：自己本是天上的灰牛大仙，因触犯天规被贬下天来，摔坏了腿，无法动弹。自己的伤需要用百花的露水洗一个月才能好。牛郎不畏辛苦，细心照料老牛一个月，白天为老牛采花接露水治伤，晚上依偎在老牛身边睡觉。直到老牛病好后，牛郎高高兴兴地赶着十头牛回了家。

回家后，嫂子对他仍旧不好，曾几次要加害他，都被老牛设法相救，嫂子最后还是恼羞成怒把牛郎赶出家门，牛郎只要了那头老牛相随。

一天，天上的织女和诸仙女一起下凡游戏，在河里洗澡，牛郎在老牛的帮助下认识了织女，二人互生情意，后来织女便偷偷下凡，来到人间，做了牛郎的妻子。织女还把从天上带来的天蚕分给大家，并教大家养蚕，织出又光又亮的绸缎。

牛郎和织女结婚后，男耕女织，情深义重，他们生了一男一女两个孩子，一家人生活得很幸福。但好景不长，这事很快被天帝知道，王母娘娘亲自下凡来，强行把织女带回天上，恩爱夫妻被拆散。

牛郎上天无路，还是老牛告诉牛郎，在它死后，可以用它的皮做成鞋，穿着就可以上天。牛郎按照老牛的话做了，穿上牛皮做的鞋，拉着自己的儿女，一起腾云驾雾上天去追织女。眼见就要追到了，岂知王母娘娘拔下头上的金簪一挥，一道波涛汹涌的天河就出现了，牛郎和织女被隔在两岸，只能相对哭泣流泪。他们的忠贞爱情感动了喜鹊，千万只喜鹊飞来，搭成鹊桥，让牛郎织女走上鹊桥相会，王母娘娘对此也无奈，只好允许两人在每年农历七月七日于鹊桥相会。

后来，每到农历七月初七，相传牛郎织女鹊桥相会的日子，姑娘们就会来到花前月下，抬头仰望星空，寻找银河两边的牛郎星和织女星，希望能看到他们一年一度的相会，乞求上天能让自己像织女那样心灵手巧，祈祷自己能有如意称心的美满婚姻，由此形成了七夕节。

3. 七夕节习俗

民俗活动：七夕乞巧、乞求姻缘、游七姐水、拜七娘妈、为牛庆生、晒书晒衣、拜织女、拜魁星等。

七夕节是世界上最早的爱情节日，七夕夜晚坐看牵牛织女星、访闺中密友、拜祭织女、祈祷姻缘、切磋女红、乞巧祈福等是中国民间的传统七夕习俗。古时候，世间无数的有情男女会在七夕夜晚牛郎织女"鹊桥会"时，对着星空祈祷自己的姻缘美满。

节日食品：巧果、酥糖、巧巧饭、瓜果等。

4. 七夕节与文学

（1）相关诗词

迢迢牵牛星

佚名（两汉）

迢迢牵牛星，皎皎河汉女。

纤纤擢素手，札札弄机杼。

终日不成章，泣涕零如雨。

河汉清且浅，相去复几许。

盈盈一水间，脉脉不得语。

译文：（看那天边）遥远明亮的牵牛星和织女星。（织女）伸出细长而白皙的手，正摆弄着织机（织布），发出札札的织布声。（她思念牛郎，无心织布），因此一整天也没织成一段布，眼泪像下雨一样落下来。银河又清又浅，相隔又有多远呢？相隔在清清浅浅的银河两边，含情脉脉相视无言地痴痴凝望。

鹊桥仙

秦观（宋）

纤云弄巧，飞星传恨，银汉迢迢暗度。

金风玉露一相逢，便胜却人间无数。

柔情似水，佳期如梦，忍顾鹊桥归路！

两情若是久长时，又岂在朝朝暮暮。

译文： 纤薄的云彩变幻着精妙的图案，飞驰的流星传递出相思的愁怨。牛郎和织女悄然无言，各自横越过漫长的银汉。秋风白露中的相会虽然短暂，却胜过人间无数寻常的白天夜晚。

缱绻的柔情像流水般绵绵不断，重逢的约会如梦影般缥缈虚幻，鹊桥上怎忍心把归路回看。两颗心只要永远相爱不变，又何必一定要每一天厮陪相伴！

（2）七夕祝福语

春天的百合给你一生的灿烂，夏天的海滩给你一生的浪漫，秋天的蓝天给你一生的梦幻，冬天的温暖给你一生的璀璨，七夕的问候给你一生的爱恋。

传奇，在星空里延续；爱情，在鹊桥上甜蜜；缘分，在人海里相遇；思念，在岁月里传递；誓言，在牵挂里铭记；七夕，愿与你在今生里，永不分离。

（六）中秋节

1. 中秋节名片

中秋节又称月夕、秋节、仲秋节、团圆节等，节日时间为农历八月十五，也有些地方将中秋节定在八月十六。中秋节始于唐朝初年，盛行于宋朝，至明清时，已成为与春节齐名的中国主要节日之一。

中秋节以月之圆兆人之团圆，为寄托思念故乡，思念亲人之情，祈盼丰收、幸福，成为丰富多彩、弥足珍贵的文化遗产。春节、清明节、端午节和中秋节并称为中国四大传统节日。

2. 中秋节传说

远古时候天上有十日同时出现，晒得庄稼枯死，民不聊生，一个名叫后羿的英雄，力大无穷，他同情受苦的百姓，拉开神弓，一气射下九个太阳，并严令最后一个太阳按时起落，为民造福。后羿的妻子名叫嫦娥，后羿除传艺狩猎外，终日和妻子在一起。不少志士慕名前来投师学艺，心术不正的蓬蒙也混了进来。

　　一天，后羿到昆仑山访友求道，向王母求得一包不死药。据说服下此药，能即刻升天成仙。然而，后羿舍不得撇下妻子，暂时把不死药交给嫦娥珍藏。嫦娥将药藏进梳妆台的百宝匣。三天后，后羿率众徒外出狩猎，心怀鬼胎的蓬蒙假装生病，没有外出。待后羿率众人走后不久，蓬蒙持剑闯入内宅后院，威逼嫦娥交出不死药。嫦娥知道自己不是蓬蒙的对手，危急之时她转身打开百宝匣，拿出不死药一口吞了下去。嫦娥吞下药，身子立刻飘离地面，冲出窗口，向天上飞去。由于嫦娥牵挂丈夫，便飞落到离人间最近的月亮上成了仙。

　　傍晚，后羿回到家，侍女们哭诉了白天发生的事。后羿既惊又怒，抽剑去杀恶徒，蓬蒙早已逃走，后羿气得捶胸顿足，悲痛欲绝，仰望着夜空呼唤嫦娥。这时他发现，今天的月亮格外皎洁明亮，而且有个晃动的身影酷似嫦娥。后羿思念妻子，便派人到嫦娥喜爱的后花园里，摆上香案，放上嫦娥平时爱吃的蜜食鲜果，遥祭在月宫里的嫦娥。百姓们闻知嫦娥奔月成仙的消息后，纷纷在月下摆设香案，向善良的嫦娥祈求吉祥平安。从此，中秋节拜月的风俗在民间传开了。

3. 中秋节习俗

　　民俗活动：祭月、赏月、拜月、观潮、燃灯、猜谜、吃月饼、赏桂花、饮桂花酒、玩花灯。

4. 中秋节与文学

水调歌头·明月几时有

苏轼（宋）

　　丙辰中秋，欢饮达旦，大醉，作此篇，兼怀子由。

　　明月几时有？把酒问青天。不知天上宫阙，今夕是何年。我欲乘风归去，又恐琼楼玉宇，高处不胜寒。起舞弄清影，何似在人间。

　　转朱阁，低绮户，照无眠。不应有恨，何事长向别时圆？人有悲欢离合，月有阴晴圆缺，此事古难全。但愿人长久，千里共婵娟。

　　译文：丙辰年的中秋节，高兴地喝酒直到第二天早晨，喝到大醉，写下这首词，同时也思念弟弟苏辙。

　　明月从什么时候才开始出现的？我拿着酒杯遥问苍天。不知道在天上的宫殿，今天晚上是何年何月。我想要乘御清风回到天上，又恐怕在美玉砌成的楼宇，受不住高耸九天的寒冷。翩翩起舞玩赏着月下清影，哪像是在人间？

月儿转过朱红色的楼阁，低低地挂在雕花的窗户上，照着没有睡意的自己。明月不该对人们有什么遗憾吧，为什么偏在人们离别时才圆呢？人有悲欢离合的变迁，月有阴晴圆缺的转换，这种事自古难以周全。只希望这世上所有人的亲人能平安健康，即便相隔千里，也能共享这美好的月光。

阳关曲·中秋月

苏轼（宋）

暮云收尽溢清寒，银汉无声转玉盘。

此生此夜不长好，明月明年何处看。

译文： 黄昏时的彩云完全消散，万里晴空充满了清寒。白茫茫的天河悄然无声，冉冉东升的明月像一轮移动的白玉盘。

好景不长，难聚易散，这一辈子少有这样的夜晚。纵使明年今夜也有这样的明月，你我也不知在什么地方观看？

（七）重阳节

1. 重阳节名片

重阳节为每年的农历九月初九日，是中国民间的传统节日。《易经》中把"九"定为阳数，"九九"两阳数相重，故曰"重阳"；因日与月皆逢九，故又称为"重九"。九九归真，一元肇始，古人认为九九重阳是吉祥的日子。古时民间在重阳节有登高祈福、秋游赏菊、佩插茱萸、拜神祭祖及饮宴祈寿等习俗。

同时，民俗观念中"九"在数字中是最大数，有长久长寿的含义，寄托着人们对老人健康长寿的祝福。1989年，中国政府将农历九月初九定为"老人节""敬老节"，倡导全社会树立尊老、敬老、爱老、助老的风气。2012年12月28日，全国人大常委会表决通过新修改的《老年人权益保障法》，明确规定每年农历九月初九为老年节。因此，登高赏秋与感恩敬老是当今重阳节日活动的两大重要主题。

2. 重阳节传说

和大多数传统节日一样，重阳节也被附会上一个神话传说作为登高习俗起源。

相传在东汉时期，汝河有个瘟魔，只要它一出现，家家户户就会有人病倒，甚至天天有人丧命，这一带的百姓受尽了瘟魔的蹂躏，惨不忍睹。当时汝南县有个青年叫恒景，有一年瘟疫夺走了他的父母，自己也差点儿丧命。恒景病愈后，辞别了心爱的妻子和父老乡亲，决心出去访仙学艺，为民除害。恒景历经艰险，终于在一座古山里找到了一位法力无边的仙人。仙人为他不辞劳苦、为民除害的精神所感动，决定收他为徒，给他一把降妖宝剑，并密传授降妖剑术。恒景废寝忘食，日夜苦练，终于练出了一身非凡的武艺。有一天，仙人把恒景叫到跟前，对他说："明天是九月初九，瘟魔又要出来作恶，如今你的本领已经学成，应该回去为民除害了！"这时，仙人送给恒景一包茱萸叶，一瓶菊花酒，并授以避邪秘诀，让恒景立即骑着仙鹤赶回家去。恒景回到家乡，在九月九日早晨，按照仙人的嘱咐把乡亲们领到附近的一座山上，发给每人一片茱萸叶，一盅菊花酒。中午时分，狂风怒号，北风骤起，天昏地暗，随着几声凄厉的吼叫，瘟魔冲出汝河，扑到山下。就在这时，瘟魔突然闻到茱萸的奇味和菊花酒的醇香，脸色突变，瑟瑟发抖，不敢前行。说时迟那时快，恒景手持降妖宝剑，立即奔下山来，经过几个回合的激烈搏斗，恒景将瘟魔刺死，瘟疫消除。后来人们就把重阳节登高看作免灾避祸的活动。

3. 重阳节习俗

民俗活动：出游赏景、登高远眺、观赏菊花、遍插茱萸、祭祖辞青、摆宴敬老、吃重阳糕、饮菊花酒等。

4. 重阳节与文学

九月九日忆山东兄弟

王维（唐）

独在异乡为异客，每逢佳节倍思亲。

遥知兄弟登高处，遍插茱萸少一人。

译文：独自离家在外地为他乡客人，每逢佳节来临格外思念亲人。遥想兄弟们今日登高望远时，头上插满茱萸，可惜只少我一人。

醉花阴·薄雾浓云愁永昼

李清照（宋）

薄雾浓云愁永昼，瑞脑销金兽。佳节又重阳，玉枕纱厨，半夜凉初透。

东篱把酒黄昏后，有暗香盈袖。莫道不销魂，帘卷西风，人比黄花瘦。

译文：薄雾弥漫，云层浓密，日子过得郁闷愁烦，龙脑香在金兽香炉中缭袅。又到了重阳佳节，卧在玉枕纱帐中，半夜的凉气刚将全身浸透。

在东篱边饮酒直到黄昏以后，淡淡的黄菊清香溢满双袖。莫要说清秋不让人伤神，西风卷起珠帘，帘内的人儿因过度思念身形竟比那黄花还要消瘦。

采桑子·重阳

毛泽东

人生易老天难老，岁岁重阳。今又重阳，战地黄花分外香。

一年一度秋风劲，不似春光。胜似春光，寥廓江天万里霜。

译文：人的一生容易衰老而苍天却不老，重阳节年年都会来到。今天又逢重阳，战场上的菊花是那样的芬芳。

一年又一年秋风刚劲地吹送，这景色不如春天的光景那样明媚，却比春天的光景更为壮美，如宇宙般广阔的江面天空泛着白霜。

（八）除夕

1.除夕名片

除夕又称大年夜、除夕夜、除夜等，时值年尾的最后一个晚上。除夕是除旧布新、阖家团圆、祭祀祖先的日子。除夕，在国人心中具有特殊意义，在这个年尾最重要的日子，漂泊再远的游子也要赶着回家去和家人团聚，在爆竹声中辞旧岁，烟花满天迎新春。

2.除夕传说

传说古代有一只四角四足的恶兽——"夕"，在冬季大雪覆盖、食物短缺时，常到附近的村庄里去找吃的。因其身体庞大、脾气暴躁、凶猛异常，给村民带来了很大的灾难。每到腊月底，人们都整理衣物扶老携幼，到附近的竹林里躲避"夕"。

这一年，村民在逃走的路途中遇到一位年纪七八岁的孩子饿倒在路旁。有位好心的婆婆将孩子救醒，并要他一起上山躲避恶兽——"夕"。由于冬季的竹林寒气逼人，大家纷纷伐竹盖房、烧火取暖。这个孩子就好奇地问大家："我们这竹林离村子那么近，就不怕'夕'会来到这里吗？"有位老人回答他说："我年少的时候就随乡亲们来这里躲避'夕'，雪很大的那几年因为它饿极了也追来过，但看到乡亲们在伐竹就匆匆逃走了。"这个孩子想了想告诉大家："我有办法除掉'夕'，让大家从今以后不用每到腊月就出来逃难。"他接着告诉大家："多砍一些竹节带着，今夜全村人都可以回家！在各家的门外挂一块红布就好了，等到明天天亮之后'夕'就再也不会来了。"乡亲们半信半疑地回到自己的家。

很快入夜了，这个孩子告诉大家："我去把他引来，然后大家就往火堆里扔我们守了一夜的碎竹节。"孩子来到村口，看到"夕"正在往村里硬闯，破坏了很多东西，于是他大声地叫道："你每年都来，害得百姓不能安居乐业，今天我一定要给你点厉害！""夕"听到孩子的叫声，便循着声音追过来，孩子大声说："乡亲们，往火里扔碎竹节啊！"可是大家因为害怕早已经站在那里僵住了，瞬间，"夕"用他的角把孩子挑起来重重地甩在地上。村民们听到孩子落地的声音立刻反应过来，纷纷往火里扔起了竹节。由于砍伐不久，湿湿的竹节遇到旺火纷纷爆裂，噼里啪啦地响了起来！"夕"听到这响声掉头鼠窜。

住户家因为门前挂着红条，"夕"也没敢进去。这一天就是正月初一，而这个为救大家死去的聪明孩子，他的名字就叫作"年"。

自此，每年农历最后一天，大家都守着碎竹节等待着，希望早日除掉"夕"。就这样留下过年的习俗：这天夜里，大家齐聚一堂吃着年夜饭，一起守岁等待除夕的钟声。放爆竹，贴门联，等到天亮彼此走访邻里给予问候与祝福，说一些吉祥的话。

3. 除夕习俗

除夕自古就有祭祖、守岁、吃年夜饭、贴年红（春联、门神、窗花、福字）、燃爆竹、挂灯笼、发压岁钱等习俗，流传至今，经久不息。

4. 除夕与文学

守岁

苏轼（宋）

欲知垂尽岁，有似赴壑蛇。

修鳞半已没，去意谁能遮。

况欲系其尾，虽勤知奈何。

儿童强不睡，相守夜欢哗。

晨鸡且勿唱，更鼓畏添挝。

坐久灯烬落，起看北斗斜。

明年岂无年，心事恐蹉跎。

努力尽今夕，少年犹可夸。

译文：要知道快要辞别的年岁，有如游向幽壑的长蛇。长长的鳞甲一半已经不见，离去的心意谁能够拦遮！何况想系住它的尾端，虽然勤勉明知是无可奈何。儿童不睡觉努力挣扎，相守在夜间笑语喧哗。晨鸡啊，请你不要啼唱，一声声更鼓催促也叫人惧怕。长久夜坐灯花点点坠落，起身看北斗星已经横斜。明年难道再没有年节？只怕心事又会照旧失差。努力爱惜这一个夜晚，少年人意气还可以自夸。

除夜作

高适（唐）

旅馆寒灯独不眠，客心何事转凄然。

故乡今夜思千里，霜鬓明朝又一年。

译文：我独自在旅馆里躺着，寒冷的灯光照着我，久久难以入眠。是什么事情让我这个游客的心里变得凄凉悲伤？故乡的人今夜一定在思念远在千里之外的我，我的鬓发已经变得斑白，到了明天又新增一岁。

（九）其他节日简介

1.冬至名片

冬至又称冬节、亚岁、长至节等，兼具自然与人文两大内涵，既是二十四节气中一个重要的节气，也是中国民间的传统节日。冬至在太阳到达黄经270°时开始，一般都在公历的12月21日或22日这两日。冬至是时年八节之一，古时民间有在"八节"拜神祭祖的习俗。冬至被视为冬季的大节日，在民间有"冬至大如年"的讲法，因此古人称冬至为"亚岁"或"小年"。在我国南方沿海部分地区至今仍延续冬至祭祖的传统习俗。

在我国北方一些地区，每年冬至日有吃饺子的习俗。俗话说："冬至到，吃水饺。"而南方则是吃汤圆，当然也有例外，如在山东滕州等地，冬至习惯叫作数九，有过数九当天喝羊肉汤的习俗，寓意驱除寒冷之意。

2.腊八节名片

腊八节俗称"腊八"，日期在农历十二月初八。古时我国一些地方有在腊月祭祀祖先和神灵（包括门神、户神、宅神、灶神、井神）、祈求丰收吉祥的传统，也有"喝腊八粥"的习俗。相传十二月初八这天还是佛祖释迦牟尼成道之日，称为"法宝节"，是佛教盛大的节日之一。"腊八"一词起源于南北朝时期，当时称为"腊日"，本为佛教节日，后经历代演变，逐渐成为家喻户晓的民间节日。节日饮食有腊八粥、腊八蒜、腊八面等。

3.小年名片

小年别名祭灶节、灶王节、扫尘日，并非专指一个日子，由于各地风俗，被称为"小年"的日子也不尽相同。民间传统上的祭灶日是腊月二十四，南方大部分地区，仍然保持着腊月二十四过小年的古老传统。从清朝中后期开始，帝王家就于腊月二十三举行祭天大典，为了"节省开支"，顺便把灶王爷也给拜了，因此北方地区多在腊月二十三过小年。

小年也意味着人们开始准备年货，准备干干净净过个好年，表示新年要有新气象，表达了中国劳动人民一种辞旧迎新、迎祥纳福的美好愿望。小年期间主要的民俗活动有祭灶王、扫尘土、剪窗花、贴春联、吃灶糖、洗浴、婚嫁等。

第七章　中华武术

一、中华武术概述

中华武术博大精深，源远流长，是中华传统文化的重要一环，被誉为"国术""国粹"。武，止戈为武，"止"通"趾"，意为奔跑；戈，意为战斗。术，思通造化、随通而行为术。曾经，武术是空手搏击方法（拳术）和器械搏击（武术器械）技术，也是古代战争技术。现在，中华武术是以技击为主要内容，以套路和搏斗为主要运动形式，注重内外兼修的中华民族传统体育项目。

1. 武术的沿革

武术的萌发最早可追溯到原始社会。那时，人们为了自卫，也为了猎取生活资源，开始用棍棒、石头、藤条等原始工具作为武器同野兽作斗争，逐渐积累了攻防格斗的武术技能。

春秋战国时期，铁器出现，武器的内容更加丰富，武术的技击性进一步凸显，同时武术的健身作用也受到重视。齐桓公每年举行春秋两季的武艺比试——"角试"来选拔天下英雄。当时比试武艺已非常讲究技巧，拳术打法有进攻、防守、反攻、佯攻等。到秦时，盛行角抵（后称相扑）和手搏，比赛时有裁判，有赛场。汉武帝采取了"罢黜百家，独尊儒术"的思想和政策，武术被排除在学校教育之外。但是，出于对抗游牧民族的需要，武术却依旧十分流行。武术不仅可以用于战争中的练兵，还可以作为日常生活中的娱乐活动（舞剑、射箭、投壶等），当时有了剑舞、刀舞、双戟舞、钺舞等，鸿门宴中就有"项庄舞剑"，可见汉代"武舞"已成为习俗，汉末华佗还首创"五禽戏"。唐朝开始实行武举制度，用考试办法授予武艺出众者相应功名利禄。仕宦之诱激发了民众的习武热情，促进了武术大发展。宋代，民间出现练武组织，见于记载的有"锦标社"（射弩）、"英略社"（使棒）、"角抵社"（相扑）等。在城市中，街头巷尾有各式各样的打场演武，如角抵、拳术、棍棒术、刀剑术、打弹、射弩、使刀枪等。明朝在地方上实行乡兵，这为武术的蓬勃发展提供了一个很好的契机，不同风格的技术流派，包括拳术、器械都得到发展。但总的来说，以套路为习武入门之法，以克敌制胜为习武的价值追求，是明清以来许多传统拳种门派的基本特点。明代的武术著作有《纪效新书》《武篇》《耕余剩技》等。明洪武年间，洪武拳开始流行，为后世研究武术提供了重要依据。清朝虽然实行禁武政策，但民间仍以"社""馆"的秘密结社形式传授武术，如白莲教、小刀会等组织，致使著名的拳种，如太极拳、形意拳、八卦拳多在清代形成。其次，义和团、青洪帮也为武术的发展作出了贡献。

鸦片战争后，中华武术从传统的战争、娱乐、健身目的转而为求民族自强，展现中华儿女不畏艰难的精神。1902 年，蔡锷将军发起"军国民主义"，以传统的武术为基础，以抵抗外敌侵略为目标，将传统武术表演内涵转换为以健体强国的爱国主义为指导思想的新武术，高举"尚武爱国"的旗帜，在各地建设"国术"馆。在此期间，涌现出了叶问、霍元甲等精通武学的一代宗师。

中华人民共和国成立后，武术作为优秀民族遗产得以继承和发展，成立了各级武术协会，国家设有专门机构负责开展武术运动，将武术列为正式比赛项目。现在，武术已逐渐向健身、休闲、娱乐等方向转变。"静以养生""修身养性"的理念成就了健身养生武术运动，太极拳、气功、长拳等项目在中国现代社会得到了很好的传承与发展。

2. 武术的类别

武术发展至今，内容丰富，风格多样，流派众多。有人认为，中国武术分两大类：长拳和传统。长拳是指国家认证的一种搏击技术；而传统则是中国几千年来流传的各个门派民间功夫，如今大多传统武术已失传，仅剩下少林、武当、峨眉三类。也有人认为，我国武术分为传统武术和现代武术。传统武术按照拳理技法分为"内家拳"和"外家拳"。清代以后，特别是民国以来，民间将以太极、形意（心意、六合、意拳）、八卦、通背（内外兼修）等为代表的武术流派称为内家拳，之外的拳种统称为外家拳。按地理空间分为"南派"和"北派"，以黄河流域为界，黄河流域及其北属北方，长江流域及其南属南方。按山川地域分为"少林派""武当派""峨眉派"。还有以姓氏划分的，如霍氏八极拳、赵家拳、洪家拳、刘家拳、李家拳等。也有按技术特点划分的，如连环鸳鸯步、鹿步梅花桩、八步连环拳等。

现代武术有合气道、跆拳道、空手道、柔道、军体拳、散打等。

3. 武术的作用

从武术的沿革可以看出，武术是一种基于生存需求的自我保护。随着社会的进步与发展，人们不再需要通过武力来解决问题，于是这种原始的形式逐渐发展成一门体育项目，武术的作用也发生了一定的变化。

①竞技。技击性是武术的核心，支撑着武术其他价值功能的实现。例如，八卦掌以推、托、带、领、搬、拦、锁、扣为八法；形意拳以劈、崩、钻、炮、横为基本五拳；长拳以踢、打、摔、拿为四击等。另外，器械有不同的使用方法，实战搏击也有着多种多样的打法。正是这种技击性使武术成为区别于其他体育项目的特殊存在。

②强身。武术多以中医的阴阳五行说、经络学说、脏象学说等为依据，通过内在"精气神"的锻炼，外在攻防技击技术动作的演练，达到强身健体的效果。

③娱乐。武术凭借其丰富的表演内容、精湛的技艺、精深的内涵，既可让人身心愉快，又可让人获得艺术的享受，那些与武术结合的舞蹈、杂技、戏曲、文学、影视等艺术形式更是给人留下了深刻的印象。

④意志。武术运动虽然是一项身体运动，但对人的耐力、速度、灵敏、柔韧性等身体素质要求很高，具备这些素质非一朝一夕之功，需要习武之人具有坚强的意志并长期坚持。武术锻炼的形式往往枯燥无味，也需要长期磨炼积累，方能有所成，这也是对习武之人意志的考验。

⑤修心。武术用难以言喻的大智慧教会我们领会自然要旨，顺应自然，处理天、地、人之间的关系，从而改造我们的主观世界，塑造我们正确的人生观、价值观。如太极拳讲究柔和、缓慢、轻灵、刚柔相济，可锻炼习武者的意、气、形、神；少林功夫要求人们息心静寂、修身养性、善化人性、清静无为，这都起到颐养性情的作用。

4. 武术与武德

中国传统武术注重德体相结合，更加强调学武之人的品德修养。如中国武术谚语中"未曾学艺先识礼，未曾习武先明德""文以评心，武以观德"。中国传统武术文化的最初起源，不仅是练武防身，还在于能够行侠仗义、保家卫国。首先，武术作为一种体育项目也很注重礼仪道德，从其运动前的抱拳礼可以体现出来；其次，武术运动是讲规则的；最后，比武都是点到为止，始终贯穿人不犯我我不犯人的准则。武中的"德"比"术"更重要，就像金庸小说中最终称霸武林者的都是睿智、善良、武德崇高之人。

二、中华武术列举

（一）中华武术流派列举

"无欲则刚少林宗，专致气柔武当功。三足鼎立平秋色，沉脆刚柔峨眉风。"少林派、武当派、峨眉派武术是中国武林三大名宗。三大流派各具风采。少林武术以动作舒展大方、大开大合、动作刚劲迅猛、劲力浑厚、放长击远、多变的腿法等外家功夫而闻名于天下；武当以外柔内刚、绵里藏针、后发制人的养生内家拳而蜚声中外；峨眉则结合了道家的外柔内刚和少林的刚劲，表现为动作慢而快，猛发暴力，似刚似柔，绵绵不断，柔内透刚，内气逼人，飘忽不定，出神入化。

1. 少林武术

少林是中华武术中体系最庞大的门派，武功套路高达700种以上，又因以禅入武，习武修禅，有"武术禅"之称。少林武术发源于嵩山少室山下丛林中的少林寺，该寺建于北魏孝文帝时期。少林武技名显于世，始于隋末，当时武僧昙宗、志操、惠汤等十三人，技艺超群，应秦王李世民邀请，参加讨伐王世充战役。出师大捷，解救李世民，打败王世充，活捉王仁则。唐太宗李世民登基后，重赏少林寺僧，赐少林寺大量庄田银两，扩建少林寺，准许少林寺成立僧兵队伍。昙宗被封为大将军，其余的人"时危聊作将，事定复为僧"，因而成就少林武术的发展。

少林寺不少武僧在出家之前就精通武术，不少武艺高强的人士不满封建制度，看破红尘，削发为僧，成为僧兵队伍的骨干。少林寺还经常到各地邀请武林高手到寺传授拳法和棍法，以此发展少林武功。五代十国时，高僧福居特邀十八家著名武术家到少林寺演练三年，各取所长汇集成少林拳谱，明代抗倭名将俞大猷也曾到少林寺传授棍术，所以少林寺实际上成了一个有名的会武场所，群英荟萃，各显神通。

少林原分五大流派，有河南（嵩山）少林、福建少林、广东少林、峨眉少林和武当少林，每派中又分许多小派和门别，从地域上又可分为北少林和南少林两大流派。

少林功夫是一项综合的武术体系，其中"禅"字是提高功夫的重要依据。"禅"是"外不着想，内不动心"，即"弃恶""功德丛林""思维修""静虑"，它的基本含义就是息心静寂地参悟。所以少林功夫和其他派别不同，讲究的是"禅武合一"。

少林功夫内容丰富、套路繁多。按性质大致可分为内功、外功、硬功、轻功、气功等。内功以练精气为主；外功、硬功多指锻炼身体某一局部的猛力；轻功专练纵跳和超距；气功包括练气和养气。按技法又分拳术、棍术、枪术、刀术、剑术、技击散打、器械和器械对练等一百多种。这些套路和软硬功夫，由于年代久远，散失很多。

此外，少林功夫严遵十不传原则：人品不端者不传，不忠不孝者不传，人无恒心者不传，文武不就者不传，借此求财者不传，俗气入骨者不传，市井刁滑者不传，骨柔质钝者不传，拳脚把势花架者不传，不知珍重者不传。

2. 武当武术

武当山是道教圣地，位于湖北省十堰市。武当山又名太和山、谢罗山、参上山、仙室山，古有"太岳""玄岳""大岳"之称。

中国古代四象为"青龙、白虎、朱雀、玄武"。玄武为北方之神，形制为龟蛇，武当山自宋元起一直是玄武大帝祭祀道场，玄武即真武。明成祖朱棣以"清君侧"为名，从北平府发兵"靖难"，从侄子建文帝朱允炆之手夺取帝位，为解释帝位来源的合法性，引出北方真武神附体赋力一说，于武当山上建紫金城，加封武当山为"大岳太和山"，自此武当山闻名天下，往来者络绎不绝。

武当武术因张三丰创建于武当山而得名。元末明初，武当派道士张三丰集其大成，开创武当派，被尊为武当武术的开山祖师。

张三丰将《易经》和《道德经》的精髓与武术巧妙融为一体，充分运用古代太极、阴阳、五行、八卦等哲学理论，以"宇宙整体观""天人合一观"为宗旨，以"厚德载物""道法自然"为原则，以"动静结合""内外兼修"为方法，创造了具有重要养生、健身、防身价值，以太极拳、形意拳、八卦掌为主体的武当武术，其本质是探讨生命活动的规律。

武当武术蕴含着深刻的中国传统哲理，具有鲜明的道家文化特征。道家宣扬的是和平的道，是止戈，而不提倡野蛮的战争，讲究以理服人，而不是以力服人。道家要的是养生，而不是伤生，所以尽量避免与人争斗。道家的武功拳法从来都是在被动的情况下才使用，它始终不忘养生之本，所以在战术上多讲求"虚心实腹""守柔处雌""崇下尚退""静以制动"。斗争中也是借力打人，即敌方用了多少"量""速"，就将这"量""速"还给对方，故又称"以其人之道还治其人之身"。

武当武术对外强调手、眼、身、法、步的训练，对内则强调精、神、气的修炼，讲求炼精化气、炼气化神、炼神还虚，并以三调（调心、调息、调身）贯彻始终，具有以柔克刚、以静制动、后发先至、四两拨千斤、行云流水的独特风格，也有延年益寿、祛病御疾、增长智慧的功能。

武当派传人在与人交手时，都须先让人三招，并且要事前申明三点：一是天下之交和为贵，不必争斗；二是武技之较非死即伤，最好不真打；三是万一真打，点到为止。

2006年5月20日，武当武术经国务院批准列入第一批国家级非物质文化遗产名录。2007年5月，经国家文化部确定，湖北省十堰市的赵剑英为该文化遗产项目代表性传承人，并被列入第一批国家级非物质文化遗产项目226名代表性传承人名单。

3. 峨眉武术

峨眉武术得名于其发祥地四川峨眉山，发展至今，有3000余年的历史，门派众多，拳种成百上千，武功博大精深，广泛流传于整个四川，已成为四川武术的代名词，也是整个西南地区武术的总称。2008年6月7日，被国务院公布列入第二批国家级非物质文化遗产名录。

清初，峨眉山白龙洞的湛然法师著的《峨眉拳谱》中写道："一树开五花，五花八叶扶，皎皎峨眉月，光辉满江湖。""五花"从地域上将峨眉武术分为五大派，包括四川省成都市都江堰青城山的青城派、金堂云顶山铁佛寺地区的铁佛派、四川丰都（现已归属重庆）地区青牛山的青牛派、四川涪陵（现已归属重庆）点易洞地区的点易派、四川荣昌（现已归属重庆）及隆昌两地的黄林派。"八叶"指峨眉武术八大主要门派，包括四大家：僧、岳、赵、杜；四小家：洪、字、化、会。

据史料记载，峨眉武术源于殷商，成于南宋，盛于明清，弘于现代。司徒玄空为峨眉武术第一人。春秋战国时期，有不少文人方士隐居峨眉山，司徒玄空（号动灵子）耕食于山中，在与峨眉灵猴朝夕相处中，模仿猿猴动作，创编了一套攻守灵活的"峨眉通臂拳"，学徒甚多。因为司徒玄空常着白衣，徒众尊称为"白猿祖师"。北宋时期，峨眉山成为中国佛教四大名山之一。

明代，峨眉武术进入鼎盛时期，英才辈出，高手林立，其拳法更为精湛。明人唐顺之的《峨眉道人拳歌》，生动而形象地描述了明代峨眉派拳术的高超技艺，是现今找到的颂扬峨眉武术的唯一专题诗篇。他用"忽而竖发一顿足，岩石逬裂惊沙走"赞其硬功卓绝；用"百折连腰尽无骨，一撒通身皆是手"颂其软功柔韧；用"去来星女掷灵梭，夭矫天魔翻翠袖"形容其动作敏捷；用"险中吴巧众尽惊，拙里藏机人莫究"概括其伸缩开合，变化自如，可谓精深之至。

峨眉派武术在明末清初前，属道家正统，遵清静无为作风，到清代初年，峨眉山僧、道并存，峨眉派前辈大师将佛家北少林总拳龙、虎、豹、蛇、鹤五大形，糅合道家以阴阳太极为主的内涵，以武入道，遂成佛道一家、心武同练、内外兼修的僧、道武术——峨眉派武术。

巴蜀民众勤劳勇敢，尚武善斗，素以灵巧著称。因此，峨眉派武术带着深厚的攻防搏击意识（即带有强烈的敌情观念），做到与假设之敌进行模拟拼搏，精神高度集中，神思敏捷，身灵步活，拳脚生风，击法变换于瞬间，做到"有形打形，无形打影"。

（二）中华武术拳种列举

1. 太极拳

太极拳是国家级非物质文化遗产，是以中国传统儒、道哲学中的太极、阴阳辩证理念为核心思想，集颐养性情、强身健体、技击对抗等多种功能为一体的汉族传统拳术。

传统太极拳门派众多，常见的太极拳流派有陈式、杨式、武式、吴式、孙式、赵堡等派别，各派既有传承关系、相互借鉴，又各有自己的特点，呈百花齐放之态。

太极拳基本内容包括太极阴阳养生理论、太极拳拳术套路、太极拳器械套路、太极推手以及太极拳辅助训练法。其拳术套路有大架一路、二路，小架一路、二路。器械套路有单刀、双刀、单剑、双剑、单锏、双锏、枪、大杆等。

太极拳在技击上别具一格，特点鲜明。它结合易学的阴阳五行、中医经络学、古代的导引术和吐纳术，要求以静制动，以柔克刚，避实就虚，借力发力，将对手引进，使其失重落空，或者分散转移对方力量，乘虚而入，全力还击。柔和、缓慢、轻灵、刚柔相济的太极拳，可锻炼人的意、气、形、神，从而增强体质，提高自身素质，使人与自然、人与社会和谐共生。

太极拳松沉柔顺、圆活畅通、用意不用力的运动特点，既可消除练拳者原有的拙力僵劲，又可避免肌肉、关节、韧带等器官的损伤性；既可改变人的用力习惯和本能，又可避免因用力不当和呼吸不当引起的胸闷紧张、气血受阻的可能性。

2. 八卦掌

八卦掌又称游身八卦掌、八卦连环掌。它是一种以掌法变换和行步走转为主的中国传统拳术，是中国传统武术中的著名拳种之一，流传很广。八卦掌有五大流派，由河北省廊坊市文安人董海川创于清末。

八卦掌是董海川在江南游历时得到道家修炼的启示，结合武术加以整理而成。董海川曾在清朝肃王府作教练，因此八卦掌先在北京一带流传开来，近百年来遍及全国，并传播到国外（如东南亚地区以及美国）。

"八卦"最早见于《周易》："两仪生四象，四象生八卦。"八卦原指八个方位，即北、南、东、西、西北、西南、东北、东南，由此得名八卦掌。

八卦掌以掌法为主，运动时纵横交错，分为四正四隅八个方位，与"周易"八卦图中的卦象相似，所以称为"八卦掌"。有些八卦掌老拳谱常以卦理解释拳理，以八个卦位代表基本八掌。也有人认为，八卦掌与八卦并无什么内在联系。

八卦掌是中国流传很广的传统拳术，是内家拳三大名拳之一，也是道家养生、健身、防身阴阳掌的一个体现。它以八大桩法为转掌功，又集八大圈手于一体，下配一至八步的摆、扣、顺步法为基础，以绕圈走转为基本运动路线，以掌法为核心，在走转中全身一致，步似行云流水。

八卦掌是融养生和技击于一炉，涵养道德的拳术，董海川将武功及内功融为一体，博采众长，加上自己的丰富经验，独创以掌为主的技术手段。八卦掌特有的沿圈走转和"趟泥步、剪子腿、稳如坐轿"，以及扣摆转换、避正打斜等运动形式，有别于其他拳术，在治病、内功、技击和涵养道德方面有明显的效应。

2008 年 6 月 7 日，八卦掌经国务院批准列入第二批国家级非物质文化遗产名录。

3. 咏春拳

咏春拳是一门中国传统武术，2014 年 11 月 11 日，福建省福州市申报的"咏春拳"项目为第四批国家级非物质文化遗产代表性项目。2017 年 6 月 8 日，国家级"非遗"项目咏春拳正式进驻福建警察学院。

关于咏春拳的起源有许多传说和历史版本，而发展至今的咏春拳实质上是经过历代咏春先师逐步发展完善而成的。虽然有许多人认为咏春拳源自川滇边区，流行于福建，而扬名于广东佛山，但是由于文字资料的缺乏，有关咏春拳的历史只在群众中口头流传，再则就是野史小说的描述。随着时间的推移，说法就互有出入，故有关咏春拳的起源，一直都是众说纷纭，没有统一的说法。

咏春拳的拳术套路主要有小念头、寻桥和标指三套拳及木人桩；基本手法以三傍手为主，还有挫手、撩手、破排手、沉桥、粘打；主要步型有四平马、三字马、追马、跪马、独立步等；辅助器材有贴墙沙包、三星桩等；训练器械有木人桩、刀、棍等。它是一种集内家拳法和近打于一身的拳术，要求手、腰、马、心、意、劲整体合一；强调以"心"指挥"意"，以意引导手、腰、马运动，从而形成整体合一。它具有招式多变、运用灵活、出拳弹性、短桥窄马、擅发寸劲的主要特点，以大闪侧、小俯仰、耕拦摊膀、黏摸荡捋、审势牢记、曲手留中为手法，以搭、截、沉、标、膀、腕指、黏、摸、熨荡、偷、漏和"二字钳阳马"的身形步法为标志。

咏春拳是以"中线理论"等理论基础为内容，中线理论的中线是指由人体头顶至尾闾一线。在进攻时，咏春拳要求拳手沿着自身中线向敌方中线攻击，这是敌我之间的最短距离，同等拳速，拳轨近者当然较快击中。向敌方中线攻击，对方也很难卸力，而且受力也较重。著名武打明星李小龙曾跟随咏春拳一代宗师叶问系统地学习过咏春拳，他创立的截拳道与咏春拳有着密不可分的关系。李小龙常常在一英尺处将对手击倒在地。这种技术与咏春拳的中线理论有关，是极具有实用价值的中国武术体系中"拳理"的一部分。

第八章　中华传统服饰

一、中华传统服饰概述

"中国有礼仪之大，故称夏；有服章之美，谓之华。"我们的祖先自古以来就以衣冠礼仪的美誉"华夏"作为族称，而不同的民族每个时代也都有不同的服饰。中国传统服饰有商周时代的服饰、秦代的服饰、汉代的服饰、魏晋南北朝的服饰、隋唐五代的服饰、宋代的传统服饰、明朝的传统服饰等。它们各具特色，充分揭示出不同朝代、不同环境下，人们对生活、对美的追求与向往。

1. 服饰的社会意义

服饰是人类文明的象征，在一定程度上是一个国家或一个朝代的政治、经济、思想、文化等的外在体现。

（1）服饰是身份地位的象征

中国历朝历代服饰制度将社会各阶层人民服饰进行了明确划分，用服饰来表明其身份和地位。例如，在汉朝，朝服中皇帝服装上绣龙，皇子绣蟒，文官绣仙鹤、锦鸡、孔雀等鸟类，武官绣狮、虎、豹、熊等猛兽，以此来区分等级地位。"领袖"一词在汉语中指衣服的领与袖，后引申为首领、带头者等领导人的别称，并一直延续至今。例如，"黄袍"代指君王，"乌纱"代指官员，"簪缨"代指显贵，"缙绅"代指官宦，"布衣""褐衣"代指贫民等。所谓"衣锦还乡"的思想观就是将服饰作为社会地位飞黄腾达的标志，这种思想意识直到今天依旧根深蒂固。

（2）服饰是伦理道德的表现

古代社会要求妇女"专一"，于是，后代服制皆采用袍制，衣与裳相连属而不分，并且色彩相同。另外，以服饰掩盖妇女形貌，达到"存天理，灭人欲"的目的。中国古代妇女服装多为宽松型，衣必多重，即使是酷暑也要穿三重衣，不露肌肤，不显人体轮廓。除衣衫外，妇女外出时还要"拥蔽其面"。汉代的"面衣"，唐代的"幂""帷帽"，都有"不欲途路窥之"的功能。

（3）服饰是对吉祥幸福的企盼

战国时期服饰纹样的题材，具有一定的象征含义。当时最为流行的龙凤既寓意宫廷昌隆，又象征婚姻美满；鹤与鹿都象征长寿；翟鸟是后妃身份的标志；鸱鸮（猫头鹰）象征胜利之神。

中国的传统节日较多。在民间，根据约定俗成的习惯，一些节日装有特别的规定和限制。如春节时，百姓的服饰要有红色，以示喜庆；清明节时，衣装要略暗，以示庄重；端午节时，儿童要身穿"五毒衣"，头戴"虎头帽"，脚穿"虎头鞋"，以示驱鬼避邪。

2. 传统服装的基本形制

传统服装有两种基本形制，即上衣下裳制和衣裳连属制。

（1）上衣下裳制

商朝以前的服装以上衣下裳制为主，妇女穿着较多，相传起于传说中的黄帝时代。上衣下裳制在《释名·释衣服》中有记载："凡服上曰衣。衣，依也，人所依以避寒暑也。下曰裳。裳，障也，所以自障蔽也。"上身为"衣"，上衣的形状多为交领右衽。下身为裳，"裳"有两种意思：广义而言，是指一切下半身的服饰，包括裤、裙和胫衣；狭义的"裳"指裙子，最初只是将布裁成两片围在身上，到了汉代，才开始把前后两片连起来，成为筒状，这就是现在所说的"裙"。通常人们在裳的里面穿有裤子。"裳"腰系带，下系带。汉代常见的"裳"叫"裤"，裤又称为"袴"，分有裆和无裆之分。古代最初的裤子没有裆，只有两个裤腿，穿的时候用带子系胫部，所以又叫"胫衣"。随后由胫衣发展而成一种两股裆部相连、用作衬裤。

（2）衣裳连属制

衣裳连属是上衣下裳合二为一，古称深衣，始创于周代。《礼记·深衣》注称："名曰深衣者，谓连衣裳而纯之以采也。"深衣同当代的连衣裙结构类似，上衣下裳在腰处缝合为一体，领、袖、裾用其他面料或刺绣缘边。深衣这一形制，影响于后世服饰，汉代命妇以它为礼服，古代的袍衫也都采用这种衣裳连属制。男子在唐以后多穿上下相连的袍衫、褙子等，现今的连衣裙也是衣裳连属制的沿革。

二、中华传统服饰列举

（一）殷商服饰

商代服饰不论尊卑和男女都是采用上下两段的形制，上着衣，下穿裳，后世称服装为"衣裳"，便是源自此。

据研究表明，商代高级权贵的服饰通常是上身穿短衣，交领右衽，衣长及臀，袖长及腕，袖口窄小，下身穿带褶短裙，腰间束有宽带，裹腿，脚上穿翘尖鞋。贵族妇女则上身穿长及足踝的大衣，交领，长袖，腰间束宽带和蔽膝。蔽膝围于衣服前面的大巾，用以蔽护膝盖，蔽膝呈上窄下宽状。脚上穿履，头戴圆箍形冠卷。

商代贵族的礼服，上衣多采用青、赤、黄等纯正之色，下裳多用间色，如缃、赭、绿等经过数次浸染的颜色，并且衣领、衣袖处还有镶边，日常家居则常穿缟衣、绿衣和缃衣。平民百姓的衣服则没有这么丰富多彩。

（二）汉代服饰

汉服是中国传统服饰的代表，是中国"衣冠上国""礼仪之邦""锦绣中华"的体现，承载了汉族的染织绣等杰出工艺和美学，传承了30多项中国非物质文化遗产以及受保护的中国工艺美术。

整体来说，汉代服饰的特点表现为：衣襟为右衽，衣领为交领、对襟直领，衣服是用衣带或者隐扣系住，袖子因服制不同故宽窄皆有。汉服中的官服、冕服、玄端等在正式场合穿的形制大多是上衣下裳、腰带束衣、下裳齐地、衣带长垂、颜色端正、典雅庄重，以此来显示人要知礼守礼，以君子之风处事。非正式场合中的汉服大多为衣裳连属制或者襦裙式，宽松、随意，衣袂飘飘，充分显示出汉民族奉行的天人合一的理念。

1. 交领右衽

汉服大多为交领右衽的形式，就是将左边的衣领盖住右边的衣领，衣襟整体看起来像一个小"y"，这种特点与我国古代的阴阳说息息相关。在古代，人们通常把身体的左侧视为阳，右侧视为阴，顺序不能颠倒，必须阳面在上，阴面在下。赵刚的《中国服装史》提到，"左衽"被认为是死者之服，具有不祥之兆。

2. 宽袍广袖

秦汉时期的男子服装，以袍为贵，袍服一直被当作礼服。袍袖也是汉代服饰在外观上最典型、最独特的特征之一。汉代男女以袍服为主，袍服是由深衣发展而来，款式与深衣相似，样式主要以大袖为主，袖口部分收缩，礼服多为大袖，常服多为小袖。常服领、袖都饰有花边。袍服的领子以袒领为主，大多裁成鸡心式，穿时露出内衣。袍服下摆，常打一排密裥，有的还裁制成月牙弯曲状。这种袍服是汉代官吏的普通装束，文武职别都可穿着。宽衣大袖为该时代的一大特色，对此有"张袂成阴"的形容，袖口的紧窄部分称为"祛"，袖身的宽大部分称为"袂"。这种宽袍广袖具有一定的审美内涵，表现出雍容典雅、灵动飘逸的特点。

3. 曲裾深衣

汉代男子的服装样式，大致分为曲裾和直裾两种。曲裾，即为战国时期流行的深衣。汉代仍然沿用，但多见于西汉早期。到东汉，男子穿深衣者已经少见，一般多为直裾之衣，但并不能作为正式礼服。

汉代曲裾深衣不仅男子可穿，同时也是女服中最为常见的一种服式。这种服装通身紧窄，长可曳地，下摆一般呈喇叭状，行不露足，衣服几经转折，绕至臀部，然后用绸带系束。衣袖有宽窄两式，袖口大多镶边。衣领部分很有特色，通常用交领，领口很低，以便露出里衣。如穿几件衣服，每层领子必露于外，最多的达三层以上，时称"三重衣"。

汉代着衣有七个特点：一是领大且弯曲，穿衣时必须暴露中衣的领型；二是穿衣必用白色面料做里；三是袖宽为一尺二寸；四是衫无袖；五是穿皮毛服装时裘毛朝外；六是腰带极为考究；七是男子保持佩刀习俗，但所佩之刀有形无刃，因此失去了实际价值，主要是显示仪容。

汉代劳动女子总是上穿短襦，下穿长裙，膝上装饰长长垂下的腰带。劳动男子常服是上身穿襦，下身穿犊鼻裤，并在衣外围罩布裙。这种装束不分工奴、农奴、商贾、士人，都一样。

汉服不仅是一件普通衣裳，更承载了华夏五千年的文明。东亚许多民族的传统服饰，都受到汉服的影响，如日本的和服和韩国的韩服等。

（三）唐代服饰

由隋入唐（618—907），中国古代服装发展到全盛时期，政治的稳定、经济的发达、生产和纺织技术的进步、对外交往的频繁等促使服饰空前繁荣，服装款式、色彩、图案等都呈现出前所未有的崭新局面，而这一时期的女子服饰，可谓中国服装中最为精彩的篇章。

唐代服饰承上启下，法服和常服同时并行。法服是传统的礼服，包括冠、冕、衣、裳等；常服又称公服，是一般性正式场合所着服饰，包括圆领袍衫、半臂、衫裙、帔、幞头、革带、长筒靴等。

唐代女服主要为裙、衫、帔。其中襦裙是唐代妇女的主要服式。在隋代及初唐时期，妇女的短襦都用小袖，下着紧身长裙，裙腰高系，一般都在腰部以上，有的甚至系在腋下，并以丝带系扎，给人一种俏丽修长的感觉。

中唐时期的襦裙比初唐的较宽阔一些，其他无太大变化。

盛唐女装摒弃了宽袖大袍、交领掩胸等传统款式的束缚，大胆追求开放、新颖的款式。既有盘领窄袖袍，又有翻领袒胸衫；既有紧身襦袄，又有薄而透明的轻罗衣。而且色彩、纹饰花样繁多，仅是裙子，就有石榴裙、柳花裙、珍珠裙、翡翠裙、百鸟裙等。

唐代的幞头是由鲜卑帽演变而来的，它本是一幅头巾，系裹时两个巾角向前抱住发髻，其余两个巾角在脑后结扎，多余的部分自然垂下。幞头的质料起初用黑色的缯或罗，所以垂下的巾角也是软的，故称"软脚幞头"。后来又在巾角中用铜、铁丝作骨，将它撑起来，成为"硬脚幞头"。由于硬脚的形状及翘起的角度不同，又有"句脚""展脚""朝天"等。

唐代的革带上起初装有供系物用的窄皮条，故名"革带"，上面并固着若干方形饰牌。依官阶之不同，分别用玉、金、犀、银、瑜石、蓝铁等材料制作，从而使革带也成为区别官阶的标志。

（四）马褂

马褂是一种穿于袍服外的短衣，衣长至脐，袖仅遮肘，因着之便于骑马而得名，也称"短褂"或"马墩子"，马褂源于清代服制中的行服褂。行服本是帝后臣僚巡幸打猎时穿着的服装，由行冠、行袍、行裳、行褂和行带等组成，其中行褂即为马褂。满族初进关时，马褂只限于八旗士兵穿用，直到康熙雍正年间，才开始在社会上流行，以后逐渐成为一种便服。乾隆时曾流行毛朝外的皮马褂，均用珍贵裘皮，非一般人所能置。清末时，内穿长袍或长衫、外套黑色暗花纹对襟马褂俨然已经是社会主流的"正装"装束。民国元年（1911），北洋政府在颁布的《服制案》中将长袍马褂列为男子常礼服之一。民国十八年（1929），国民政府公布的《服制条例》再次将蓝长袍、黑马褂列为"国民礼服"。20世纪40年代后，穿马褂者逐渐减少。新中国成立后，马褂逐步被中国人民抛弃，后经改良又以"唐装"的名称重新回到人们的视野中。

马褂的样式有琵琶襟、大襟、对襟三种。琵琶襟马褂，因其右襟短缺，又叫缺襟马褂，穿上它可以行动自如，常用作出行装。大襟马褂，则将衣襟开在右边，四周用异色作为缘边，一般作常服使用。对襟马褂，其服色在各个时期有多种变化：初沿天青色，至乾隆中期，又尚玫瑰紫，后又推崇深绛色（人称"福色"），到了嘉庆年间，则流行泥金及浅灰色。大袖对襟马褂可代替外褂而作为礼服使用，颜色多用天青色，大小官员在谒客时常穿此服，因其身长袖窄，也称作"长袖马褂"。

马褂中有一种颜色不能随便使用，那就是黄色。"明黄"就是"淡黄"，是当时帝王专用的颜色，一般贵族或官妃只能用"金黄色"（即"深黄色"），平民最多只能用"杏黄色"（也即"红黄色"）。"明黄"在这里是最名贵的，除皇帝外，只有为皇帝服务的人才特许服饰着明黄色。

因此，黄马褂是皇帝特赐的服装。穿着这种赐服的人，主要有三类：一是随皇帝"巡幸"的侍卫，称为"职任褂子"；二是行围校射时，中靶或获猎多者，称为"行围褂子"；三是在治事或战事中建有功勋者，称为"武功褂子"，这些人都会被载入史册。只有这种御赐的马褂才可以随时穿着。

（五）旗袍

旗袍是中国和世界华人女性的传统服装，被誉为中国国粹和女性国服。虽然其定义和产生的时间至今还存在诸多争议，但它仍然是中国悠久的服饰文化中最绚烂的现象和形式之一。

旗袍是中国清朝的妇女服装，由满族妇女的长袍演变而来。由于满族称为"旗人"，故将其称为"旗袍"。清初，满族妇女以长袍为主，而汉人妇女仍以上衣下裳为时尚；清中期，满汉各有仿效；到了清代后期，满族效仿汉族的风气日盛。经汉人由满族旗装改进之后的旗袍逐渐在广大妇女中流行起来。

五四运动以后，中西文化的交流更加广阔深入。五四运动使更多的妇女思想上得到了解放，20 世纪 20 至 30 年代是中国妇女服饰演变的重要阶段，当时上海、广州、北京等城市妇女的装束崇尚西化，追新求异成为城市时髦女性的服饰时尚。旗袍在 20 世纪 20 年代开始在民国妇女中流行，到 1929 年南京国民政府《服制》条例中明确女公务员着"长衫"，即旗袍。从此，旗袍成为民国时期最普及的女装和礼服。

当时出现改良旗袍，即长度缩短，腰身收紧，衣领紧扣，曲线鲜明，与古制的平直宽松的廓形产生了明显的对比。另外，西式的发式、配饰、高跟皮鞋等为中西结合创造了成功的女子形象。从 20 年代中期至 50 年代初，改良旗袍作为社交礼服，在城乡知识女性中广泛流行。

当时国人都约定俗成地将旗袍看作中国式礼服，老派人接纳它是因为它有个完

全中国味道的名字、中国传统袍服的表征和含蓄美好的意趣，而西式制作和时尚因素的融入又迎合了必需的开放和开明；新派人士欢迎它是着眼于其连衣裙的本质所带来的中西交融的衣着空间，以及与西式服饰类似的时尚感。

旗袍的样式很多，开襟有如意襟、琵琶襟、斜襟、双襟；领有高领、低领、无领；袖口有长袖、短袖、无袖；开衩有高开衩、低开衩；还有长旗袍、短旗袍、夹旗袍、单旗袍等。

（六）中山装

中山装是孙中山先生在广泛吸收欧美服饰的基础上，综合了日式学生服装（诘襟服）与中式服装的特点，设计出的一种立翻领有袋盖的四贴袋服装，被世人称为中山装。

1929 年 4 月，中山装经国民政府明令公布为法定制服。20 世纪 50 年代以后，中山装成为从国家领导人到普通老百姓的正式服装。20 世纪 80 年代以后，中山装在民间逐渐被人们遗忘，但国家领导人在出席重大活动时，依旧习惯穿着中山装。2016 年 2 月 29 日，民革中央向中国人民政治协商会议全国委员会十二届四次会议提交提案，建议将中山装作为国家正式礼服。

1923 年，孙中山先生在广州任中国革命政府大元帅时，感到西装不但式样烦琐、穿着不便，而且又不大适应当时中国人民在生活、工作等方面的实用要求。而中国原来的服装（对襟式短衫褂、大襟式长衫等），既不能充分表现当时中国人民奋发向上的时代精神，在实用中也有类似西装的缺点。于是主张以当时在南洋华侨中流行的"企领文装"上衣为基样，在企领上加一条反领，以代替西装衬衣的硬领。这样一来，一件上衣便兼有西装上衣、衬衣和硬领的作用。又将"企领文装"上衣的三个暗袋改为四个明袋，下面的两个明袋还裁制成可以随着放进物品多少而涨缩的"琴袋"式样，为的是要让衣袋放得进书本、笔记本等学习和工作的必需品，衣袋上再加上软盖，袋内的物品就不易丢失。孙中山先生设计的裤子样子是：前面开缝，用暗纽；左右各一大暗袋，前面一小暗袋（表袋）；右后臀部挖一暗袋，用软盖。这样的裤子穿着方便，也很适用携带随身必需品。

旗袍和中山装虽是中西合璧的结果，但其蕴含的丰富的传统文化和中华民族的包容品质，使其在近代尤为盛行。旗袍和中山装的出现，为中国传统服饰增添了新的内容，随着时间的流逝，它们也变成了传统。

第九章　中国传统手工艺

一、中国传统手工艺概述

中国传统手工艺是千百年来人们为了满足生产、生活需要而创造的，具有高度技巧性、技艺性，并结合设计、美术、制造的手工制作技艺。中国传统手工艺悠久的历史、精湛的技艺、丰富的门类、独特的艺术魅力，凝聚了手工艺者们的智慧和汗水，形成了自己的道德理念、技艺模式、民族特征，是中华传统文化的重要组成部分，是中华文明古国最鲜明的国际名片，是中华民族文化的传承与脉络，更是中华文化艺术的瑰宝。

中国传统手工艺形式多样，种类繁多，包括染织、编结、雕塑、铸锻等，这里主要介绍具有鲜明中国特色的中国结、刺绣、剪纸、风筝。

二、中国传统手工艺列举

（一）中国结

中国结是中国特有的民间手工编织艺术，它是用一根线绳通过绾、结、穿、编、绕、缠、抽、修等多种工艺技巧，按照一定程式缠绕穿梭，循环有序、连绵不断地变化出不同形制。常见中国结有盘长结、方胜结、蝴蝶结、龙结、凤结、福字结、寿字结、喜字结、磬结、纽扣结等。中国结的常用色为大红色，有时为使其寓意更深刻，更具有独特性、生动性，也有间用金、银、紫、橙等色的。中国结是中国传统文化的象征，小小的"结"以其悠久的历史、独特的造型、鲜明的色彩、丰富的内涵伴随着中华民族的发展代代相传，流传至今。

1. 中国结的起源

"结"是文字的前身，在古时候被用来记事和记数。郑玄在《周易注》称"大事大结其绳，小事小结其绳"。人们会根据事情的轻重缓急而结出不同的绳，《易·系辞》记载"上古结绳记事，后世圣人易之以书契"。

古人的衣服没有今天的纽扣、拉链等，便用衣带打结的方法来系紧衣服，或用绳子结成盘扣缀在衣服上。此外，古代中国人还有佩戴玉佩的习惯，用绳子穿过玉佩上的圆孔，把玉佩系在衣服上，并打上美观的"结"。

2. 中国结的寓意

（1）以形抒情

中国结的编结方法灵活多变，通过改变线的穿插方向和组织规律可以编制出各种形状的结，不同的外形轮廓又被人们赋予了不同的含义。例如，团锦结圆形的外轮廓，寓意为完美、圆满、团结、统一；圆形方孔的双钱结，因与古币相似而得名，寓意财源滚滚，富贵如意；六耳方形的盘长结象征源源不断，四通八达，路路通畅；形似两颗心相连同心结，寓意心心相印，心心相连；形似寿桃的中国结代表延年益寿；蝴蝶结代表坚贞的爱情；龙凤结代表高贵。

（2）以音表意

"结"与"吉"谐音，寓意为吉祥，具体内容为福、禄、寿、喜、安、康、财等，这是人类追求的永恒主题，中国结因此是一种祈求幸福平安的符号，人们希望它能带来吉祥。烟袋上吊个蝴蝶结，"蝴"与"福"谐音，代表幸福快乐，好运连连。"鱼"与"余"谐音，象征富贵有余、年年有余；磬结中的"磬"谐"庆"，寓意"吉祥喜庆"；"摆穗"谐"百岁"，代表长命百岁。如意结与鞋子一起挂在墙壁上，称为"壁鞋"，谐音"辟邪"。但如若挂在门上，就是"邪门"了，因此不能挂在门上，也不能挂在车上或船上。

（3）以意寓情

中国结的"结"字，意为团结、结合、结交、结拜、结缘等。中国地大物博，人口众多，中华民族在历史岁月中经历了分分合合，最终走向统一，中国结的"团结"之意，象征中华民族的团结统一；中国结的"结合、结缘、圆满"之意，表达男女之间海誓山盟的坚贞爱情，寓意相亲相爱的人永远相伴相随，永不分离。

【中国结列举】

1. 盘长结

盘长结是最重要的基本结之一，中国联通的标志就是盘长结的结形。"盘长"象征回环贯彻，连绵不断，永恒不灭。"盘长结"民间也称"盘肠结"，古人用"九曲柔肠"和"断肠"来形容对远方故人的思念。古诗中有"著以长相思，缘以结不解。以

胶投漆中，谁能离别此"。用"结不解"和"胶投漆"来形容感情的深厚。

2. 团锦结

团锦结也是中国结的基本结之一，是一个喜气洋洋、吉庆祥瑞的结饰。团锦结耳翼成花瓣状，又称"花瓣结"，花瓣可以有五瓣、十瓣等数目的变化。团是"团圆"之意，代表吉祥和谐。团锦结结形圆满，变化多端，类似花形，结体虽小但不易松散，常镶嵌珠宝，非常美丽。团锦结的造型美观，自然流露出花团锦簇的喜气，如果再在结心镶上宝石之类的饰物，更显华贵。

（二）刺绣

刺绣是用绣针牵引颜色丰富的彩线，将设计的花纹在纺织品上刺绣运针，以绣迹描绘勾勒各种色彩斑斓、图案绝美的一种手工艺。中国是东方丝绸之国，刺绣是中国优秀的民族传统工艺之一，将洁白的丝绸刺绣成五彩缤纷的绣品，美妙绝伦。刺绣手工艺作为我国古代人民智慧的结晶，既是中华民族的骄傲，更是人类艺术的灿烂瑰宝。

刺绣是几千年来我国妇女自幼的必修课，故也称"女红"。民间有一句话："女儿十二学绣花，长大能找好婆家。"在民间，媒人登门说亲时，往往会带着女孩子亲手绣制的作品到男方家里进行展示。如果一名女子能做出一手漂亮的刺绣活计，不论是在娘家还是出嫁后来到婆家，都能得到家里人的认可和赞许。在我国传统节日——"乞巧"节（农历七月初七），许多地区至今仍保留着"乞巧"的风俗。这一天，民间的女孩子们会以不同的方式，向织女星乞巧，乞求自己心灵手巧，能够得到大家的认可和赞扬。

刺绣按照所使用的材料又分为丝绣、羽毛绣和发绣。刺绣的针法有齐针、套针、扎针、长短针、打子针、平金、戳沙等几十种，丰富多彩，各有特色。刺绣工艺要求是顺、齐、平、匀、洁。顺是指直线挺直，曲线圆顺；齐是指针迹整齐，边缘无参差现象；平是指手势准确，绣面平服，丝缕不歪斜；匀是指针距一致，不露底，不重叠；洁是指绣面光洁，无墨迹等污渍。绣品的用途包括生活服装，歌舞或戏曲服饰，台布、枕套、靠垫等生活日用品及屏风、壁挂等陈设品。

苏州的苏绣、湖南的湘绣、四川的蜀绣、广东的粤绣各具特色，被誉为中国的四大名绣。除了四大名绣，在我国还有京绣、鲁绣、汴绣、瓯绣、杭绣、汉绣、闽绣等地方名绣，而我国的少数民族如维吾尔、彝、傣、布依、哈萨克、瑶、苗、土家、景颇、侗、白、壮、蒙古、藏等也都有自己特色的民族刺绣。

【刺绣列举】

1.苏绣

苏绣是以苏州为中心的刺绣，历史上江南一带的著名书画家数不胜数，苏绣作品深受笔墨丹青的影响，苏绣艺人常以中国水墨绘画为题材进行创作，作品栩栩如生，饱含笔墨韵味，有"以针作画"的美誉。

苏绣素以精细、雅洁著称。图案清雅、秀丽，色泽文静、柔和，针法细腻、灵活，绣工细致，构思巧妙，纹理清晰，形象传神，具有平、光、齐、匀、和、细、密等特点。题材以小动物为主，如《猫戏图》《凤穿花》《鱼虾图》等。苏绣中的双面绣，两面有同有异，如猫的眼睛，两面颜色不一样，十分引人入胜，其刺绣技艺高超，是刺绣中的精品。苏绣先后有80多次作为馈赠国家元首级礼品，在近百个国家和地区展出，有100多人次赴国外做刺绣表演。1982年，苏绣荣获全国工艺美术品百花奖金杯奖，双面绣《金鱼》《小猫》是苏绣的代表作。1984年，《金鱼》荣获第56届"波兹南国际博览会"金质奖。

此外，最早起源于唐朝上元年间的苏州发绣也是艺术瑰宝。它是以头发丝为原料，结合绘画与刺绣制作的艺术品。头发坚韧光滑，色泽经久不褪。发绣以发代线，利用头发黑、白、灰、黄和棕的自然色泽，以及细、柔、光、滑、亮的特性，用接针、切针、缠针和滚针等不同针法刺绣。与丝绣相比，发绣有着清秀淡雅、线条明快、针迹细密、耐磨耐蚀、有弹性、不褪色、好收藏等特点。2012年，苏州发绣技艺成功申报苏州市"非物质文化遗产"。

2. 湘绣

湘绣是以湖南长沙为中心的刺绣，湘绣擅长用丝绒线绣花，在当地称作"羊毛细绣"。湘绣以写实居多，常以中国画为蓝本，构图严谨，色彩丰富鲜艳，独特的针法富有表现力，形象生动，质朴优美，风格豪放，享有"绣花能生香，绣鸟能听声，绣虎能奔跑，绣人能传神"的美誉。

湘绣吸取了苏绣、粤绣、蜀绣的技法优点，逐步发展成自己的特色。湘绣作品中，丰富而热烈的色彩使用是受到粤绣的影响；千变万化的针法，很多都是来自蜀绣的浸染；图案题材中大量出现中国山水画的内容，就要归功于对苏绣的借鉴了。

湘绣主要以纯丝、硬缎、软缎、透明纱和各种颜色的丝线、绒线绣制而成。湘绣传统上有72种针法。分平绣类、织绣类、网绣类、纽绣类、结绣类五大类，还有后来不断发展完善的鬅毛针以及乱针绣等针法。1982年，在全国工艺美术品百花奖评比中，湘绣荣获金杯奖。2014年，湖南省湘绣研究所被文化部列入第二批国家级非物质文化遗产生产性保护示范基地。

狮、虎是湘绣的传统题材，特别以虎更为著名。为了表现猛虎皮毛的质感，湖南刺绣艺人在毛针的基础上创制了鬅毛针。后来，又由著名匠师余冬姑、余振辉姐妹俩加以不断完善。鬅毛针的绣法是，丝线排列成聚散状撑开，一端粗疏、松散，一端细密，使之如同真毛一样，一端入肉，一端鬅起。经过艺人层层加绣后，所绣制的虎毛，刚劲竖立，力贯毫端，毛色斑斓，生动逼真。

3. 蜀绣

蜀绣是以四川成都为中心的刺绣，又名"川绣"，与苏绣、湘绣、粤绣齐名，为中国四大名绣之一，是在丝绸或其他织物上采用蚕丝线绣出花纹图案的中国传统工艺。作为中国刺绣传承时间最长的绣种之一，蜀绣以其明丽清秀的色彩和精湛细腻的针法，形成了自身的独特韵味，丰富程度居四大名绣之首。

蜀绣与蜀锦并称"蜀中瑰宝"。蜀绣以软缎、彩丝为主要原料，技法被称为

"穷工橄巧"，针法包括12大类122种，是四大名绣之最丰富者，而70余道衣锦线更是蜀绣所独具。蜀绣各种针法交错使用，或粗细相间，或虚实结合，紧密柔和，变化多端，针法严谨、针脚平齐、形象生动、富有立体感。蜀绣既长于刺绣花鸟虫鱼等细腻的工笔，又善于表现气势磅礴的山水图景。

蜀绣构图简练，大都采用方格、花条等传统的民族图案。蜀绣形象生动，色彩鲜艳，富有立体感，短针细密，针脚平齐，片线光亮，变化丰富，具有浓厚的地方特色。1982年，蜀绣荣获全国工艺美术品百花奖银杯奖。2006年5月20日，四川成都市的蜀绣经国务院批准列入第一批国家级非物质文化遗产名录。

4. 粤绣

粤绣是以广东省潮州市和广州市为生产中心的手工丝线刺绣的总称，包括潮绣和广绣两大分支，是中国四大名绣之一。粤绣于明代中后期开始形成特色，以布局饱满、图案繁茂、色彩富丽而著称，并成为向朝廷进贡的上等物品。在故宫博物院里，收藏着很多精美的粤绣作品。荔枝和孔雀是粤绣的传统题材。

粤绣有五大特点：一是用线多样，除丝线、绒线外，也用孔雀羽毛捻搂作线，或用马尾缠绒作线；二是用色明快，对比强烈，讲求华丽效果；三是多用金线作刺绣花纹的轮廓线；四是装饰花纹繁缛丰满，热闹欢快；五是绣工多为男工所任。古时粤绣的绣工大多是潮州、广州男子，这与中国其他地区的"女红"传统有明显区别，在中国刺绣艺术中独树一帜，为世所罕见。总之，粤绣构图饱满、布局紧密，色彩浓郁、绣面富丽堂皇、璀璨夺目、富有立体感、装饰性强。粤绣多用于戏装、婚礼服等。

2012年，林智成（潮绣）、康惠芳（潮绣）、陈少芳（广绣）、孙庆先（潮绣）被文化部列入国家级非物质文化遗产项目传承人。潮绣大师康惠芳于2015年8月11日被联合国授予"文化大使"称号。

（三）剪纸

剪纸又称"刻纸"，古称"剪彩（撩）"，民间称作"绞花""窗花""花儿""窗染花"等，它是在平面的基础上，通过剪、刻、雕、镂、剔等手法在纸张上进行镂空创作的艺术形式。

剪纸是一种历史悠久、流传深远的民间手工艺，它以其独特的艺术风格、文化内涵，赋予纸张生命，体现人们的美好愿望和不懈追求。逢年过节、新婚、寿宴、嫁娶添丁时，人们为祈求幸福把美丽鲜艳的剪纸贴在雪白的墙上或明亮的玻璃窗上、门上、灯笼上等。例如，春节时贴在门窗、墙面上的"财神""出入平安""财源广进""春"等；婚嫁时装饰于嫁妆物品上的"喜"字、"鸳鸯"；寿宴时在礼品、糖包、盘面上贴"寿"字；丧事时为祭奠亡灵用的纸人、纸钱等。随着历史的演变，剪纸艺术也在不断发展创新，内容越来越丰富，形式越来越多样。剪纸艺术独到之处在于"千刀不断，万剪相连""剪时不支离，拿起不散乱，阴纹丝丝断，阳纹线线连"。剪纸艺术源远流长，经久不衰，是中国民间艺术中的瑰宝。2006年5月20日，"剪纸"项目经国务院批准列入第一批国家级非物质文化遗产名录。

1. 剪纸常用工具

剪纸常用工具主要是剪刀、刻刀、蜡盘、纸张及其他工具。

剪刀：适合用轻巧、刀尖偏细长，松紧适度，刀口咬合整齐，刀尖锋利，操作灵活的剪刀。

刻刀：剪纸的主要工具。常见的刻刀有斜尖刀和圆口刀两种。剪纸艺人常根据自己的需要制作刻刀，用锐利的刀片作为刻刀的头，然后夹入木柄中便可。

蜡盘：主要方便刻刀操作，因在玻璃上刻纸，刻刀易滑行、易锉刀，在木板上刻纸易将刀尖折损，也不利于刻镂精细部分，所以多用蜡盘刻纸。选用一块长15～20 cm的木板，四周钉上1 cm宽的木条，木条高出木板1 cm，将筛过的草木灰与石蜡（选用耐温在60 ℃以上的石蜡）一起倒入锅里加热搅拌，倒入木板里，压平冷却即可。

纸张：剪纸的载体可以是纸张、金银箔、树皮、树叶、布、丝织品、皮革等。而纸是创作剪纸的主要材料，一般选用既轻薄又有韧性的宣纸，也可用普通大红纸。

2. 单色剪纸和复色剪纸

按照纸张颜色可将剪纸分为单色剪纸和复色剪纸。

单色剪纸是剪纸中最基本的形式，指使用红色、绿色、褐色、黑色、金色等任一种颜色的纸剪成，单色剪纸多为"折叠剪纸"。"折叠剪纸"顾名思义就是经过不同方式折叠以后再剪，展开后就是一个完整的剪纸图案。折叠剪纸折法简明，制作简便，省工省时，适于形体、图案对称的剪纸，如花卉、景物、器具、几何纹等。最早的"对马""对猴"等团花就是经折叠剪出的。

复色剪纸与单色剪纸相比略显复杂，指同一幅剪纸中包含两种或两种以上的颜色。常见制作方法有以下三种：可将数张彩色纸张分开剪裁后再拼贴成最终稿，也可先将白纸依稿剪成，再将半成品染填上所需色彩；还可先剪好主版，下衬以白纸再染各种色彩。复色剪纸可细分为衬色类、套色类、拼色类、染色类和填色类剪纸。

3. 剪刀剪纸和刻刀剪纸

按照使用工具的不同，可将剪纸分为剪刀剪纸和刻刀剪纸。

剪刀剪纸是借助于剪刀，剪完后再把几张（一般不超过 8 张）剪纸粘贴起来，最后再用锋利的剪刀对图案进行加工。使用剪刀剪纸主要有扎剪和旋剪两大技巧。扎剪是指用剪刀的尖部将要镂空的地方扎进纸里，转动着剪出图形，然后把剪下的纸屑剔除。旋剪是指在纸面上剪出一个洞，剪下一个镂空面时直接剪破纸面接着剪下去。还有一种剪法是"迭剪"，这种方法是将数张纸叠在一起，钉牢，再在表面上作图，最后进行剪裁。

刻刀剪纸则是先把纸张折成数叠，放在蜡盘上，根据一定的模型，用小刀将纸慢慢刻划成所需图案。和剪刀剪相比，刻刀的优势就是一次可以加工成多个剪纸图案。刻法分为阳刻、阴刻、阴阳刻。阳刻：以线为主，把造型的线留住，其他部分剪去，并且线线相连，还要把形留住，形以外的剪去，称为正形。阴刻：以块为主，把图形的线剪去，线线相断，并且把形剪空，称为负形。阴阳刻：阳刻与阴刻的结合。

4. 剪纸的流派

剪纸艺术没有既定的分类方式，我国的剪纸艺术以秦岭—淮河为分界线，可大致分为南方派和北方派。南方派的剪纸艺术，根据地域的划分，主要包括广东佛山剪纸、湖北沔阳剪纸、福建漳浦剪纸等。南方派剪纸的特征总的来说是温和细腻、精致秀气、华丽纤巧、风格细致、造型生动。北方派的剪纸艺术，根据地域的划分，主要包括蔚县剪纸、山西剪纸、陕西剪纸、山东剪纸等。北方派剪纸的特征总的来说是造型古朴、粗犷豪放、寓意有趣、形式多样，但其中也有细微繁缛的风格。当代文学家郭沫若先生曾概括我国民间剪纸："曾见北国之窗花，其味天真而浑厚，今见南方之剪纸，玲珑剔透得未有。"这正是对我国剪纸"北犷南秀"总体特征的描述。

中国民间剪纸按地域划分，主要有七大流派：河北蔚县民间剪纸、山西广灵民间剪纸、山东民间剪纸、陕西地区民间剪纸、江浙民间剪纸、福建民间剪纸、广东民间剪纸。

【剪纸列举】

1. 蔚县剪纸

蔚县剪纸总是实（黑）块面留得多，空（白）线条去得少，所以是阴刻为主。蔚县也是唯一以阴刻为主、辅以阳刻的剪纸艺术，蔚县剪纸吸收了河北各种传统艺术，使用刻刀在宣纸上刻制并点染丰富的色彩，从而形成与众不同的作品。历史上蔚县戏曲文化兴盛，蔚县剪纸也主要以戏曲脸谱、戏曲人物故事为主要题材，色彩强烈，艳丽多彩，构图丰满简洁，给人明快的视觉感受，被誉为"中华民族一种美丽的象征性符号"。2006 年 5 月 20 日，蔚县剪纸经国务院批准列入第一批国家级非物质文化遗产名录。

蔚县剪纸秀丽精美、玲珑剔透，剪纸中细腻的线条较多，婉转流畅、疏密相间。蔚县剪纸注重以线相连，以线相界，虽有线条细若游丝，却丝丝入扣。蔚县剪纸最令人称赞的是"拉胡须"的刀工技法，即刻制人物的胡须和毛发时根根细微，丝丝缕缕相互连接，匀称精致，断一根则全盘作废，可见其做工精细程度和刻制的难度。

2. 山东高密剪纸

山东又称为齐鲁大地，是中国传统文化的发祥地，山东高密被称为民间艺术之乡。1993年，高密被国家文化部授予"中国民间剪纸之乡"称号。之后，有数名高密剪纸女应邀出国表演，被誉为"中国魔剪"，不少艺术院校的学生专程到高密学习高密剪纸。一些国内外专家、友人也慕名到高密研究高密剪纸，高密剪纸已饮誉海内外。2006年，高密剪纸被列入第一批山东省级非物质文化遗产保护名录。

高密剪纸题材广泛：所剪事物大多取材于民间传说、神话故事和戏曲故事，象征性强，造型朴实夸张。高密剪纸内容丰富，花草虫鱼、飞禽走兽和人物皆可入剪。高密剪纸形式多样，包括窗花、门笺、墙花、顶棚花、灯花、花样、喜花、春花、丧花等。

高密剪纸将南方的细腻婉约与北方的粗犷豪放相融合，粗细结合、疏密有致、主次分明、点线面结合，使高密剪纸平稳中不失动感，简约中不失变化，粗犷中见清秀，拙朴中藏精巧。

3. 佛山剪纸

佛山剪纸是古老的传统民间艺术，在宋代已有流传，盛于明清两代。佛山剪纸分为纯色剪纸、衬料剪纸、写料剪纸、铜凿剪纸四大类；根据用料不同，又可分为纯色料、纸衬料、铜衬料、染色料、木刻套印料、铜写料、银写料、纸写料、铜凿料等九种。剪纸手法分为剪和刻两大类。剪，多为随意剪制，每次两三张；刻，每次可刻20~30张，粗犷的图案可刻50~100张，便于大量复制。除了剪和刻，佛山剪纸还施以凿、衬、印、绘等技法，其风格金碧辉煌、苍劲古拙，结构雄伟奔放，用色夸张富丽。

大型剪纸壁画《红楼梦》是佛山剪纸登上"大雅之堂"的典型。1984年兴建的广州花园酒店大堂正中装饰着一幅巨型剪纸壁画《红楼梦》，该剪纸壁画长22米，高 6 米，以大观园为中心，以十二钗故事情节为衬色，将亭、台、楼、阁、花、草、树、木加以人物的各式表情巧妙结合。该壁画用纯黑色大理石经雕刻后镶纯金箔而成，完成后，画面气势磅礴。远看金光灿烂，近看玲珑剔透、富丽高雅。剪纸壁画《红楼梦》很好地突出了佛山剪纸金碧辉煌的艺术特点，也开创了将剪纸艺术与现代大型建筑相结合的历史先河，并荣登"中国名壁画"之列。这幅剪纸壁画保留至今。

（四）风筝

风筝发明于我国东周时期，至今已有 2400 多年的历史。《韩非子·外储说》中说东周的墨翟"斫木为鹞，三年而成，飞一日而败"。墨翟以木头研制三年，制成的木鸟，称为"木鸢"。"鸢"为"老鹰"之意。"木鸢"飞在天上，正像一只翱翔的老鹰。后来鲁班用竹子代替了木头，并且在造型上做了改进。东汉蔡伦发明了造纸术，人们用竹篾做骨架，再用纸来糊，"木鸢"就开始叫"纸鸢"。据古书记载，五代汉隐帝时，大臣李邺做纸鸢，在上面拴上竹哨，风吹竹哨，声如筝（筝为古代一种乐器）鸣，"风筝"一词由此而得名。清朝诗人高鼎在《村居》诗里说："儿童散学归来早，忙趁东风放纸鸢。"诗中的"纸鸢"就是风筝。

1. 风筝与军事

《鸿书》中记载："公输班制木鸢，以窥宋城。"即公输班（鲁班）曾经制成木鸢窥探宋国，侦察敌情。《新唐书·田悦传》记载，唐代将领张伾被田悦军队围困，张伾将求救书由"纸鸢"送达援军，获得解救，"急以纸为风鸢高百余丈，过悦营上"。《南史·侯景传》记载：梁太清三年（公元 549 年），侯景叛乱，简文帝放风筝求援军。另传说楚汉战争时期，汉将韩信率军四十万围项羽于垓下决战。韩信命人制作了一只大风筝，飞到楚营上空唱起楚地之悲怨委婉的曲调，唤起了楚军士兵的思乡之情，涣散了楚军士气，楚军不战而溃，这就是成语"四面楚歌"的由来。还有传说汉高祖刘邦的大将韩信谋反，准备挖地道进攻未央宫，就用放风筝的方法，测量未央宫的距离。另外，第二次世界大战时，美军曾用特技风筝做活动靶，训练打靶。

2. 风筝与祝福

古代民间，人们将心愿、烦恼、企盼做成各种风筝造型，或在风筝上写上相关文字，然后待风筝升入高空后，将线剪断，这就是放断线风筝。人们希望通过这种方式让各种不幸、伤痛、灾难都随风而去。《红楼梦》中林黛玉就用放风筝来"放放晦气"，周围的人也说"把你这病根儿都带了去就好了"。另外，为了寻求心灵的寄托、精神的安慰，人们将美好心愿寄于风筝之上，飞向天空，祈求实现愿望。

3. 风筝与体育

中国最早的风筝比赛在 20 世纪 30 年代，当时老潍县政府连续 3 年在清明节都举行了盛大的风筝赛会，这是中国风筝向竞技性体育运动发展的一个标志。1984 年，潍坊举办了首届国际风筝节；1986 年经国家体委批准，风筝放飞被正式纳入国家体育竞赛项目。

4. 风筝与健康

放风筝必须选择空旷的地方，空气清新，有利于健康；放风筝时，需要脚不停地移动，进行手拉、仰头、挥臂等肢体活动，有利于强身健体；放风筝时，放飞自然，心情愉悦舒畅，缓解压力，有利于身心健康；有书记载"引线而上，令小儿张口仰视，可泄内热""儿童放风筝于空中，最能清目"。

【风筝列举】

1. 李景阳的巨型风筝

吉林市民李景阳于 2008 年制作了一支章鱼状的巨型风筝，风筝全长 82 米，宽 13.5 米，约 1100 平方米，要想放飞它需要 20 个人。李景阳组织了七八个人共同制作近 8 个月的时间，才完成这只巨型风筝。它是目前世界上最大的单线软体风筝。2008 年 4 月 14 日上午 10 时 30 分许，经过近 30 人的努力，这支巨型章鱼风筝终于飞上蓝天。现场围观的市民纷纷为李景阳的"大章鱼"加油助威，很多市民也自愿加入放飞巨型风筝的队伍中。

2. 张天伟的动态风筝

81 岁的张天伟是陕西省一级工艺美术大师，省级非物质文化遗产"张氏动态风筝"传承人。所谓"动态风筝"，就是在传统的风筝基础上增加了风力机械传动装置，以自然力为动力，经齿轮等巧妙机构带动风筝上某些部位，使其变化活动，大大提高了风筝的观赏性和趣味性，现已成为具有西安地方特色的又一风筝流派。1988 年，张天伟做出了第一个动态龙风筝。这个风筝以风为动力，将风轮、齿轮、曲轴、连杆、滑槽、摇臂等机械传动装置与竹扎纸糊的传统手艺巧妙结合。能动、会叫的动态龙风筝刚一问世，技惊四座，后来被加拿大友人收藏，还被印制在加拿大邮票上公开发行。传统风筝制作讲究"扎、糊、绘、放"，而张天伟在全国首次将机械传动与古老的风筝制作相结合，把传统的平面静态风筝创新发展为立体动态风筝。

秦始皇铜车马及秦俑军阵动态风筝是张天伟的代表作之一，历时 8 个月制成，曾在上海世博会展出。风筝以竹扎铜车马为先导，铜车马用了 920 根竹篾，有 3000 多个绑扎点，不仅造型精巧，驷马经机械传动还可昂首摆尾、奋蹄奔腾，驾车人也可挥臂驱驰、睥睨四方，而整个铜车马质量控制在 500 克。其后为秦俑军阵，共 8 个方阵，每方阵 6 排、每排 4 人，总计 192 个秦俑，风吹军阵产生的升力将铜车马带上高空，总长 40 米的风筝一飞冲天，蔚为壮观，逼真再现了秦始皇一统天下的雄姿，在国内外引起巨大反响。

附录　中华传统文化相关知识图文解说

　　长城是中国古代军事防御工程，东起山海关，西至嘉峪关，全长超过 20000 千米，又称作"万里长城"。

　　中华牌坊又名牌楼，是中华特色建筑文化之一。它是封建社会为表彰功勋、科第、德政以及忠孝节义所立的建筑物。也有一些宫观寺庙以牌坊作为山门，还有的是用来标明地名。

中华园林包括庭园、宅园、小游园、花园等，在中国古籍里根据不同的性质也称作园、囿、苑、园亭、庭园等。

寺院是佛教信徒进行宗教活动的场所，也是出家僧众修行的所在，后来逐步发展为具有多种综合功能的建筑群。

北京故宫是中国明清两代的皇家宫殿，旧称紫禁城。北京故宫被誉为"世界五大宫之首"（北京故宫、法国凡尔赛宫、英国白金汉宫、美国白宫、俄罗斯克里姆林宫）。它是一座长方形城池，南北长961米，东西宽753米，四面围有高10米的城墙，城外有宽52米的护城河。紫禁城内的建筑分为外朝和内廷两部分。外朝的中心为太和殿、中和殿、保和殿，统称三大殿，是举行大典的地方。内廷的中心是乾清宫、交泰殿、坤宁宫，统称后三宫，是皇帝和皇后居住的正宫。

兵马俑，即秦始皇兵马俑，也简称秦兵马俑或秦俑，位于今陕西省西安市临潼区秦始皇陵以东1.5千米处的兵马俑坑内。

塔是有着特定的形式和风格的中国传统建筑。最初是供奉或收藏佛骨、佛像、佛经、僧人遗体等的高耸型点式建筑，称"佛塔"。14世纪以后，塔逐渐世俗化。中国现存塔2000多座。

中医是指中国汉族劳动人民创造的传统医学，也称汉医。2018年10月1日，世界卫生组织首次将中医纳入其具有全球影响力的医学纲要。

《黄帝内经》分《灵枢》《素问》两部分，为古代医家托轩辕黄帝名之作，为医家、医学理论家联合创作，一般认为成书于春秋战国时期。全书在以黄帝、岐伯、雷公对话、问答的形式阐述病机病理的同时，主张不治已病，而治未病，同时主张养生、摄生、益寿、延年。它是研究人的生理学、病理学、诊断学、治疗原则和药物学的医学巨著，在理论上建立了中医学上的"阴阳五行学说""脉象学说""藏象学说"等。

《本草纲目》为明代李时珍著，共52卷。作者用了近三十年时间编成，收载药物1892种，附药图1000余幅，阐述药物的性味、主治、用药法则、产地、形态、采集、炮制、方剂配伍等，并载附方10000余。本书有韩、日、英、法、德等多种文字的全译本或节译本，集我国16世纪之前药学成就之大成。

《千金要方》又称《备急千金要方》《千金方》，是中国古代中医学经典著作之一，作者孙思邈，共30卷，是综合性临床医著，被誉为中国最早的临床百科全书。《千金要方》总结了唐代以前医学成就，书中首篇所列的《大医精诚》《大医习业》，是中医学伦理学的基础，其妇、儿科专卷的论述，奠定了宋代妇、儿科独立的基础。

《神农本草经》又称《本草经》或《本经》，托名"神农"所作，实成书于汉代，是中医四大经典著作之一，是现存最早的中药学著作。《神农本草经》全书分三卷，载药365种，以三品分类法，分上、中、下三品，文字简练古朴，为中药理论精髓。《神农本草经》记载了365种药物的疗效，多数真实可靠，至今仍是临床常用药。它提出了辨证用药的思想，所论药物适应病症能达170多种，对用药剂量、时间等都有具体规定，对中药学起到了奠基作用。

《伤寒杂病论》是中国传统医学著作之一，作者是张仲景。《伤寒杂病论》系统地分析了伤寒的原因、症状、发展阶段和处理方法，创造性地确立了对伤寒病的"六经分类"的辨证施治原则，奠定了理、法、方、药的理论基础。

　　棋作为中国四大（琴、棋、书、画）传统艺术形式之一，是中华民族智慧的结晶，是中华民族优秀的传统文化遗产，包含了中华五千年悠久的历史和厚重的文化沉淀。在中国具有代表性的棋类当属围棋与象棋。

　　围棋是一种策略型两人棋类游戏，中国古时称"弈"。围棋起源于中国，传为帝尧所作，春秋战国时期即有记载。隋唐时经朝鲜传入日本，后流传到欧美各国。围棋蕴含着中华文化的丰富内涵，它是中国文化与文明的体现。

　　中国象棋作为中国棋文化的一部分，也是中华民族文化的瑰宝。它源远流长，趣味浓厚，基本规则简明易懂，千百年来长盛不衰。在中国古代，象棋被列为士大夫们的修身之艺，现在，则被视为一种怡神益智的活动。

参考文献

[1] 罗启荣，阳仁煊. 中国传统节日 [M]. 北京：科学普及出版社，1986.

[2] 韩养民，郭兴文. 中国古代节日风俗 [M]. 西安：陕西人民出版社，1987.

[3] 田广林. 中国传统文化概论 [M]. 北京：高等教育出版社，1999.

[4] 佘时佑. 中国节日 [M]. 北京：华文出版社，2005.

[5] 李露露. 中国节 [M]. 福州：福建人民出版社，2005.

[6] 闫磊. 中国传统节日——习俗及其内涵概述 [J]. 黑河学刊，2009(9)：45-46.

[7] 于会歌. 中国传统节日习俗的现代传承 [J]. 沈阳师范大学学报：社会科学版，2012，36(4):88-92.

[8] 马丽娜. 漫谈春节习俗 [J]. 赤峰学院学报：哲学社会科学版，2013(8)：188-189.

[9] 楚欣. 漫话传统节日 [J]. 炎黄纵横，2016(3)：48-51.

[10] 洪敏. 浅谈中国传统节日春节的文化习俗 [J]. 中国民族博览，2015(14)：46-47.

[11] 张令吾. 北宋张耒古体诗用韵考 [J]. 语言研究，2004，24(2):88-91.

[12] 洪镇涛. 积累·语感·语感训练——小学生自发仿写古体诗的启示 [J]. 中学语文教学，2004(1):13-16.

[13] 杜爱英. "新喻三刘"古体诗韵所反映的方音现象 [J]. 语文研究，2001(2):46-50,54.

[14] 陈少松. 古体诗的吟诵——漫谈古诗词文吟诵（三）[J]. 古典文学知识，2005(3):83-91.

[15] 田业政. 元代江西诗人古体诗用韵研究 [J]. 南阳师范学院学报，2007,6(11):57-62.

[16] 施议对. 词与音乐的关系研究 [M]. 北京：中国社会科学出版社，1985.

[17] 吴熊和. 唐宋词通论 [M]. 杭州：浙江古籍出版社，1986.

[18] 李小球，陈光中. 高中语文学考必备用书（第 6 次修订）[M]. 长沙：湖南大学出版社，2011.

[19] 梁国楹，王守栋．中国传统文化精要 [M].北京：人民出版社，2011.

[20] 周晓孟，沈智．国人必知的 2300 个民俗常识 [M].沈阳：万卷出版公司，2012.

[21] 薛永武，牛月明.《乐记》与中国文论精神 [M].北京：社会科学文献出版社，2012.

[22] 王青．古笛研究 [D].武汉：武汉音乐学院，2006.

[23] 戴嘉枋．中国近现代音乐教育史的概貌初现——读《中国近现代 (1840—2000) 音乐教育史纪年》增订本有感 [J].人民音乐，2006(7)：90-91.

[24] 吕传彬．现代二胡演奏学派的奠基人——刘天华 [J].云南档案，2018(10)：39-42.

[25] 杨博．浅析古筝艺术的传承与发展 [J].北方音乐，2018,38(9)：27-28.

[26] 孙嘉瞳．我国近现代音乐作品创作的发展与现状 [D].长春：吉林大学，2017.

[27] 李景侠．中国琵琶演奏艺术 [M].上海：上海音乐出版社，2003.

[28] 程天健．中国民族音乐概论 [M].上海：上海音乐学院出版社，2004.

[29] 陈秉义．中国音乐通史概述 [M].重庆：西南师范大学出版社，2007.

[30] 刘雪琦．浅谈古筝的起源与发展历程 [J].戏剧之家·上半月，2019(14)：83.

[31] 杨文亚．古筝传统曲目现代传承的问题研究 [D].济宁：曲阜师范大学，2014.

[32] 杨荫浏．中国古代音乐史稿 [M].北京：人民音乐出版社，2004.

[33] 吴迪．汉唐琵琶历史渊源探究 [D].延吉：延边大学，2014.

[34] 杨志东．中国武术的变迁及其现代化的发展 [J].运动，2017(8)：143-144.

[35] 邱丕相．中国武术史 [M].北京：高等教育出版社，2008.